ARNO BACKHAUS

Dürfen Vegetarier Schmetterlinge im Bauch haben?

Widersprüchliches zum Lach(denk)en Teil 3

Verlag | Alles, was Sinn macht!

Es war uns leider nicht möglich, alle Fremdzitate ihren jeweiligen Urhebern zuzuordnen. Für entsprechende Hinweise sind Verlag und Autor dankbar.

Bibliografische Information der Deutschen Nationalbibliothek
Die Deutsche Nationalbibliothek verzeichnet diese Publikation in der Deutschen Nationalbibliografie; detaillierte bibliografische Daten sind im Internet über http://dnb.d-nb.de abrufbar.

ISBN 978-3-86506-779-1
© 2015 by Joh. Brendow & Sohn Verlag GmbH, D-Moers
Gesamtgestaltung: Brendow Verlag, Moers
Druck und Bindung: CPI – Clausen & Bosse, Leck
Printed in Germany

www.brendow-verlag.de

INHALT

Wer **aalglatt** ist, ist unhaltbar.

Aberglauben überzeugt mich erst dann, wenn jemand das 13. Monatsgehalt ablehnt.

Das Erste, was man bei einer **Abmagerungskur** verliert, ist die gute Laune. Gert Fröbe

Wenn Sie abnehmen wollen, nehmen Sie Geschirrspülmittel. Es beseitigt auch hartnäckiges Fett.

Manche nehmen ab wie ein Abreißkalender.

Manche definieren sich durch ihre **Absagen**.

Advent kommt von „adventure", und das von „Abendteuer", und das heißt, der Abend wird teuer.

Wer vom Mainstream und Zeitgeist **abweicht**, wird nicht sachlich widerlegt, sondern sozial geächtet.

Einer Straßenbahn und einer **Aktie** darf man nie nachlaufen. Nur Geduld, die nächste kommt mit Sicherheit.

Meine **Albernheiten** nehme ich nicht wichtiger, als sie es verdienen.

Wer ständig als **Amboss** für andere herhält, ist irgendwann niedergeschlagen.

Das Wichtigste beim **Angeln** sind lange Arme, damit man zeigen kann, wie groß der Fisch war!

Der ideale Tag eines Anglers: aufwachen; das Angelzeug bereitstellen und herrichten; frühstücken, angeln, Mittagessen, angeln, Abendessen, schlafen, von Fischen träumen.

Mut ist nicht die Abwesenheit von **Angst,** sondern vielmehr die Erkenntnis, dass etwas anderes wichtiger ist als Angst. Eleanor Roosevelt

Früher hatte ich Angst im Dunkeln. Wenn ich heute so meine Stromrechnung sehe, habe ich Angst vor Licht.

Ein Luftballon zum Therapeuten: „Können Sie mir helfen? Ich habe Platzangst!"

Der „Meter" ist ein Längenmaß. Im Angelsport entspricht er rund 45 Zentimetern.

Ein ganzer Schrank voll nix zum **Anziehen**.

Iss den **Apfel** ganz, da ist viel Grips drin!

Arbeit ist eine so faszinierende Sache, dass ich anderen stundenlang dabei zuschauen könnte. Jerome K. Jerome

Ich gebe bei meiner Arbeit immer 100%: 11% Montag, 23% Dienstag, 42% Mittwoch, 21% Donnerstag, 3% Freitag.

Es stimmt, dass Arbeit noch keinen umgebracht hat, aber warum ein Risiko eingehen?
Ronald Reagan

Wenn ich arbeite, denke ich an den Urlaub. Wenn ich im Urlaub bin, denke ich an die Arbeit.

Verplanen Sie nur 60% Ihrer täglichen Arbeitszeit. 40% sind Pufferzeiten für Unvorhergesehenes und Spontanes.

Durch absurde Beispiele lässt sich jedes noch so stichhaltige **Argument** zunichtemachen.

Ich bin nicht **arrogant** – ich bin emotionsresistent!

Laut einer Studie der deutschen **Ärzte**vereinigung sterben immer mehr Rentner vor dem Computer. Sie drücken versehentlich die Tastenkombination „Alt + Entfernen".

Bei Risiken und Nebenwirkungen essen Sie Ihre Packungsbeilage, und fragen Sie später Ihren Arzt und Apotheker.

Man sollte niemals zu einem Arzt gehen, ohne zu wissen, was dessen Lieblingsdiagnose ist. Henry Fielding

Ein Produkt ist erst dann gut, wenn die **Asiaten** versuchen, es zu klonen.

Astrologen sind Leute, denen die Sterne nicht schnuppe sind. Klaus Klages

Früh **aufstehen** ist der erste Schritt in die falsche Richtung.

Auge um Auge lässt die Welt erblinden.

Manchmal muss man die Augen schließen, um klarer zu sehen.

Die Kunst des **Ausruhens** ist ein Teil der Kunst des Arbeitens. John Steinbeck

Wenn ich was verhindern will, gründe ich einen **Ausschuss**.

Zerbrochenheit ist ein Schatz, der dir **Autorität** gibt.

Autorität lässt sich nicht mit dem Automobil erwerben.

Alle Autorität, die ich besitze, beruht einzig darauf, dass ich weiß, was ich nicht weiß.
Sokrates

Autos sind immer männlich: der VW, der Mercedes, der Opel, der BMW, der Jaguar – nur die Ente, die ist weiblich.

B

Auch in Zukunft wird man zwischen **Bafög** und Rente eine Pause einlegen müssen, die nicht durch Sozialhilfe überbrückt wird.
Wolfgang Schäuble

Ich fühle mich, als könnte ich **Bäume** ausreißen. Also kleine Bäume. Vielleicht Bambus. Oder Blumen. Na gut, Gras. Gras geht.

Es bringt nichts, den **Bauch** einzuziehen, wenn man auf der Waage steht.

Bausparkasse: Wir beraten Sie in Grund und Boden.

Beamte sind Träger der Nation: einer träger als der andere.

Die Erde bietet genug, um jedermanns **Bedarf** zu decken, nicht aber jedermanns Gier.

Die meistbeschäftigten Leute sind nie zu **beschäftigt**, allen zu erzählen, wie beschäftigt sie sind.

Eine **Berufung** ist etwas, das du entdeckst, und nicht etwas, für das du dich entscheiden kannst. John Ortberg

Mit der **Bescheidenheit** nehme ich es mit jedem auf!

Die **Berühmtheit** mancher Zeitgenossen hängt unmittelbar mit der Dummheit ihrer Bewunderer zusammen. Heiner Geißler

3 ist **„bestanden"**, „bestanden" ist gut, „gut" ist 2, und 2 ist fast 1.

Die meisten **Besucher** machen einem Freude; wenn nicht beim Kommen, dann aber beim Gehen.

Die **Bewährten** sind mir lieber als die Bewahrten.

Beweisen heißt entzaubern.

Meine Motivation und ich haben **Beziehungsprobleme** und leben momentan getrennt.

Mit dem, was ich nicht weiß, könnte ich ganze **Bibliotheken** füllen.

Du musst kein **Bild** sein, nur aus dem Rahmen fallen.

Bildung kommt von Bildschirm und nicht von Buch, sonst hieße es ja Buchung.
Dieter Hildebrandt

Es gibt nur eines, was auf die Dauer teurer ist als Bildung: keine Bildung. John F. Kennedy

Natürlich führen **Bio-Lebensmittel** zu einer gesünderen Lebensweise, vorausgesetzt, man kauft sie zu Fuß beim Erzeuger ein.

Wer nur die anderen im **Blick** hat, achtet nicht auf seinen Weg.

Nicht jede **Blondine** ist eine Hilton-Tochter.

Gerade weil wir alle in einem **Boot** sitzen, sollten wir heilfroh darüber sein, dass nicht alle auf unserer Seite stehen.
Ernst Ferstl

An der **Börse** gibt es nur Schmerzensgeld.

Das **Böse** braucht nur genügend gute Menschen, die wegschauen.

Auf zweierlei sollte man sich nie verlassen: wenn man Böses tut, dass es verborgen bleibt; wenn man Gutes tut, dass es bemerkt wird. Ludwig Fulda

Auf die bösen Menschen ist Verlass – sie ändern sich nicht.

Wer ungezügelt **brennt**, brennt zügellos.

Warum werden manche **Briefumschläge** eigentlich gefüttert?

Ich habe meine **Brille** verloren und kann sie nicht suchen, bis ich sie gefunden habe.

Der Mensch, der keine guten **Bücher** liest, hat keinen Vorteil gegenüber dem, der gar nichts liest. Mark Twain

Von allen Welten, die der Mensch erschaffen hat, ist die der Bücher am gewaltigsten. Heinrich Heine

Keine Angst vor Büchern! Ungelesen sind sie völlig harmlos!

Camping ist der Zustand, in dem der Mensch seine eigene Verwahrlosung als Erholung empfindet.

Wir haben keine **Chance**, also nutzen wir sie.

> Die Fähigkeit eines **Chefs** erkennt man an seiner Fähigkeit, die Fähigkeiten seiner Mitarbeiter zu erkennen.
>
> Robert Lembke

Chef zum Angestellten: „Sie sollten mehr schlafen, das begrenzt den Schaden, den Sie anrichten können."

Chinesen essen alles, was vier Beine hat, außer Tische und Stühle. Und sie essen alles, was schwimmen kann, außer U-Boote.

Chirurgie ist die Kunst, dem Menschen exakt so viele Organe wegzuschneiden, dass er zahlungsfähig bleibt.

Coffee to go – jetzt auch zum Mitnehmen!

Wenn man richtig Mist bauen will, braucht man einen **Computer**.

Der Computer ist die logische Weiterentwick-
lung des Menschen: Intelligenz ohne Moral.
John Osborne

D

Dankbarkeit ist Denkarbeit.

Für beides danken: für das, was wir haben,
und für das, was wir nicht brauchen.

Lasst uns dankbar sein gegenüber Menschen, die uns glücklich machen. Sie sind
die liebenswerten
Gärtner, die unsere
Seele zum Blühen
bringen. Marcel Proust

> Ich **denke**, also bin ich ...
> hier verkehrt!

Wer nicht von Grund auf umdenken kann,
wird nie etwas am Bestehenden ändern.
Anwar al Sadat

Es ist besser, **Deiche** zu bauen, als darauf
zu hoffen, dass die Flut allmählich Vernunft
annimmt. Hans Kasper

Wenn ein **Deutscher** eine Maschine bedient,
dann leuchten seine Augen. Wenn er einen

Menschen bedienen soll, dann sträuben sich ihm die Haare. Günter Rexrodt

Übrigens, das **Dicksein** liegt am Vererben eines schlechten Gens. Es wird bezeichnet als „Zum-Kühlschrank-Gen".

Man wird nicht dick zwischen Weihnachten und Silvester, sondern zwischen Silvester und Weihnachten.

Ich bin dick, und du bist doof. Aber ich kann wenigstens abnehmen.

Ich wünschte, ich wäre wieder so schlank wie damals, als ich dachte, ich wäre zu dick.

Wer sich nur um andere **dreht**, hat keinen eigenen Standpunkt.

Ich würde mich gerne mit Ihnen geistig **duellieren.** Aber Sie sind ja unbewaffnet.

Zwei Dinge scheinen unendlich: das Universum und die menschliche **Dummheit**. Beim Universum bin ich mir allerdings nicht ganz sicher. Albert Einstein

Als wir noch **dünner** waren, standen wir uns näher.

Man wird heute in Deutschland seine **Ehefrau** schneller und billiger los als seine Mitarbeiter. Peter Schubert

Wenn du's **eilig** hast, dann geh langsam.
Lothar J. Seiwert

Wenn die **Einheit** da ist, fällt sie nicht auf, wenn sie fehlt, bricht alles zusammen.

Es gibt Menschen, die sind **einsame** Spitze, wobei der Schwerpunkt auf „einsam" liegt.

Emotionaler Airbag: Ich könnte mich aufregen, aber ich bin nicht verpflichtet dazu.

Wer nichts zu Ende führt, hat zu viel angefangen.

Am **Ende** wird alles gut, und wenn es nicht gut ist, ist es noch nicht zu Ende.
Oscar Wilde

Enttäuschung ist das Ergebnis falscher Erwartungen. Andreas Tenzer

Es gibt fast nichts Besseres als Ent-Täuschungen.

Das Tragische an jeder **Erfahrung** ist, dass man sie erst macht, nachdem man sie gebraucht hätte. Friedrich Nietzsche

Unsere Weisheit kommt aus unserer Erfahrung. Unsere Erfahrung kommt aus unseren Dummheiten. Sacha Guitry

Manch einer verdankt seinen **Erfolg** den Ratschlägen, die er von anderen nicht angenommen hat. Ferenc Molnar

Erfolg ist das Produkt von Talent und Glück. Großer Erfolg ist das Produkt von Talent und unglaublich viel Glück.

Letztendlich bekommt jeder von uns genau das, was er verdient – aber nur die Erfolgreichen geben das zu.

Alles, was Erfolge bringt, ist in der Wirtschaft erlaubt. Kriminell ist nur, wer erwischt wird.

Erfolg hat drei Buchstaben: TUN.

Erfolg steigt nur zu Kopf, wenn dort der erforderliche Hohlraum vorhanden ist.
Manfred Hinrich

Der Erfolg besteht manchmal in der Kunst, das für sich zu behalten, was man nicht weiß.
Peter Ustinov

Nirgends strapaziert sich der Mensch mehr als bei der Jagd nach **Erholung.** Laurence Stern

Wer alles **erklärt**, muss noch lange nicht klar sehen.

Einen Menschen **erziehen** heißt ihm zu sich selbst verhelfen.
Peter Altenberg

Ich habe mir nie eine Erziehung durch Schulbildung verderben lassen. Mark Twain

Der Riegel, den ich beim **Essen** vorschiebe, sollte aus Schokolade sein.

Anmerkung zum Essen: „Es war gut und reichlich, aber es hätte mehr und besser sein können!"

Zettel am Kühlschrank: „Bin bei meiner Mutter. Das Essen steht bei Aldi."

Das Essen ist eine komische Sache: Jeder Bissen bleibt höchstens eine Minute im Mund, zwei Stunden im Magen, doch mindestens drei Monate an den Hüften.

„Wie furchtbar, taubstumm zu sein!", bedauert eine alte Dame einen Bettler und wirft ihm einen **Euro** in den Hut. „Blind war viel schlimmer", antwortet der Beschenkte, „da bekam ich nichts als Hosenknöpfe."

F

Facelook statt Facebook.

Vom Langsam**fahren** wird die Straße auch nicht breiter. Axel Zimmer

Fairrückt – fairliebt – fairändert – fairblüfft – fairspielt.

Ich bin ein Fairführer.

Lieber ein **Fallschirmspringer** in der Oberleitung als ein Flugzeug im Unterdorf.

Manche Menschen sind so **falsch**, dass sie nicht einmal das Gegenteil von dem denken, was sie sagen.
Marcel Aymé

Ich sollte eigentlich ein **Farbiger** werden, bin dann aber doch nur ein Weißer mit Sommersprossen geworden.

Man muss die **Fehler**, die man nicht ablegen kann, in Tugenden verwandeln. Cesare Pavese

Je höher die Stellung eines Vorgesetzten, desto mehr Fehler darf er machen. Und wenn er nur noch Fehler macht, dann ist das sein Stil.
Fred Astaire

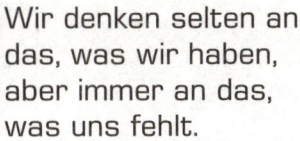

Wir denken selten an das, was wir haben, aber immer an das, was uns fehlt.
Arthur Schopenhauer

Mach einen Fehler nicht zweimal. Gib Dir Mühe und erfinde neue!

Ehe man anfängt, seine **Feinde** zu lieben, sollte man seine Freunde besser behandeln.
Mark Twain

Deine Feinde sind Freunde, die du noch nicht kennst. Andreas Tenzer

In der Wahl seiner Feinde kann man gar nicht vorsichtig genug sein. Oscar Wilde

Man kommt unfertig auf die Welt, und dann wird man **fertig**gemacht!

Von wegen zu fett! Man weiß ja nie, wie lange der Winter dauert!

Wie man sich fettet, so wiegt man.

Wenn dein **Feuer** zu groß wird, nimmt es anderen die Luft zum Atmen.

„Gestern habe ich 500 Fliesen verlegt!" – „Na, hoffentlich **finden** Sie die wieder."

Trinke nie zu viel, denn die letzte **Flasche**, die draufgeht, könntest du selbst sein.

Flauen sind nicht zu durchschlauen.

Jemand findet auf einem **Flohmarkt** einen Spiegel, guckt rein und sagt: „Das Bild hätte ich auch weggeworfen."

Höchstform ist kein Garant für **Format**. Format kommt von Form.

Fotos werden in dunklen Räumen entwickelt.

Frauen müssen in der Praxis doppelt so gut sein, um halb so weit zu kommen wie Männer.
Wolf Dieter Heintze

Wären Frauen wirklich für den Haushalt geboren, hätte der liebe Gott den Staub rosa gemacht.

Frauen würden ihre Fehler sofort zugeben, wenn sie welche hätten. Robert Lembke

Es soll Frauen geben, die klüger sind als Männer, aber davon wird die Küche auch nicht sauberer. Jerry Lewis

Jede Frau erwartet von einem Mann, dass er hält, was sie sich von ihm verspricht.
Chariklia Baxevanos

Eine Frau ist das einzige Geschenk, das sich selbst verpackt.
Jean-Paul Belmondo

Weiblichkeit ist die Eigenschaft, die ich an Frauen am meisten schätze. Oscar Wilde

Man kann eine Frau gar nicht hoch genug überschätzen. Karl Kraus

Wer nur meckern kann, versteht keine **Fremdsprachen**.

Es gibt drei Arten von **Freunden**: Die einen kann man sich kaufen, die anderen kann man sich sparen, wieder andere sind unbezahlbar.

Ein Freund ist ein Mensch, vor dem man laut denken kann. Ralph Waldo Emerson

Wer nicht mit sich zu **Frieden** ist, führt ständig Krieg mit anderen.

Wenn ich den Abwasch fertig habe, gehe ich die Sache mit dem Weltfrieden an.

Der Mensch, der den Schnuller erfunden hat, müsste den Friedensnobelpreis bekommen.

Fußball ist ding, dang, dong. Es gibt nicht nur ding.

Fußballansage im Radio: „Heute spielt Deutschland gegen Niederlage, ähh, Niederlande ..."

Eines der Probleme beim Fußball ist, dass die einzigen Leute, die wissen, wie man spielen müsste, auf der Pressetribüne sitzen. Robert Lembke

Ein **Fußgänger** ist ein Mann, der Frau und Tochter, aber nur zwei Autos hat.

G

Wer einen **Garten** hat, braucht weder Fitnessstudio noch Urlaub.

Auch ein kleiner Garten ist eine endlose Aufgabe.

Gäste bringen immer Freude, die einen kommen, die anderen gehen.

Viel Geburtstag zum **Glück**.

Ich hatte schon immer den Verdacht, dass das Ausblasen der Kerzen auf der Geburtstagstorte ein getarnter Gesundheitstest für die Versicherung ist. Katharine Hepburn

Gedacht heißt nicht immer gesagt, gesagt heißt nicht immer richtig gehört, gehört heißt nicht immer richtig verstanden, verstanden heißt nicht immer einverstanden, einverstanden heißt nicht immer angewendet, angewendet heißt noch lange nicht beibehalten. Konrad Lorenz

Heute mach ich mir kein Abendbrot, heute mach ich mir **Gedanken.**

Geduldgeizkragen sind oft Meckermillionäre.

Besser schlecht **gefahren** als dumm gelaufen.

Ein Handwerker ist **geduldig**, hört sich alles an und setzt es nachher mit auf die Rechnung.

Die Welt ist ein **Gefängnis**, und wenn du das vergisst, wirst du ganz schnell zum Wärter.

Alle sagten immer: „Das **geht** nicht!" Und dann kam einer, der wusste das nicht, und der hat das einfach gemacht!

Wo immer du auch hingehst, da bist du dann auch.

Vom **Geld**, das wir nicht haben, kaufen wir Dinge, die wir nicht brauchen, um Leuten zu imponieren, die wir nicht mögen.

Geld ist besser als Armut, wenn auch nur aus finanziellen Gründen.

Mit dem Bezahlen wird man das meiste Geld los.

Wer nur Geld im Kopf hat, verdient nichts anderes.

Eine Lebensversicherung ist das Geld, das man bekommt, wenn man einen tödlichen Unfall überlebt. Besonders schön, wenn man danach unter anderem Namen in Brasilien weiterlebt!

Geld macht nicht glücklich, aber man wird besser mit dem Unglück fertig, wenn man nicht arm ist.

Ich würde gerne leben wie ein armer Mann mit einem Haufen Geld. Pablo Picasso

Um ein Darlehen zu bekommen, muss man erst beweisen, dass man keins braucht.

Wo kein Geld, da kein Schweizer.

Die einzige Möglichkeit, ein Spielkasino mit einem kleinen Vermögen zu verlassen, besteht darin, es mit einem großen zu betreten.
Mireille Dark

Die Phönizier haben das Geld erfunden. Warum bloß so wenig? Johann Nepomuk Nestroy

Auf hoher See und vor einem deutschen **Gericht** sind wir allein in Gottes Hand.

Man lernt aus der **Geschichte**, dass man aus der Geschichte nichts lernt.

Schmutziges **Geschirr** schimmelt nicht, wenn man es einfriert.

Nix **geschwätzt**, isch gnug gelobt.

Es gibt Wichtigeres im Leben, als beständig dessen **Geschwindigkeit** zu erhöhen.
Mahatma Gandhi

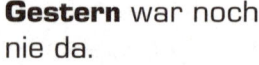

Stehst du morgens mit einem zerknitterten **Gesicht** auf, dann hast du tagsüber genügend Entfaltungs- möglichkeiten.

Gestern war noch nie da.

Der Bilanzgewinn ist der Teil vom **Gewinn**, den wir beim besten Willen nicht mehr verstecken konnten.

Das Meiste gewinnen wir, wenn wir auf das Meiste verzichten.

Was du nicht weiter**gibst**, ist verloren.

Manche Menschen wollen immer **glänzen**, ob- wohl sie keinen Schimmer haben. Heinz Erhardt

Auch ein zerbrochenes **Glas** kann noch ein Feuer entfachen.

Beim **Glattbügeln** kann man sich schnell die Pfoten verbrennen.

Wer immer alles glattbügelt, bügelt auch Schokolade.

Alle wollen **gleichberechtigt** sein, aber keiner gleich verpflichtet.

Glück ist etwas, was man geben kann, ohne es zu haben. Ricarda Huch

Viele Menschen wissen, dass sie unglücklich sind. Aber noch mehr Menschen wissen nicht, dass sie glücklich sind. Albert Schweitzer

Glücklich ist, wer sich bei Sonnenuntergang auf die Sterne freut. Ludwig Adalbert Balling

Glückliches Leben ergibt sich nicht durch das Vermeiden, sondern durch das Überwinden von Anstrengungen.

Jeder ist seines Glückes Schmied. Aber wer hat schon Schmied gelernt! B. Katsch

Glück ist, wenn die Katastrophe eine Pause macht.

Geborgenheit ist ein stärkeres Wort für Glück. Johann Wolfgang von Goethe

Es ist seltsam, wie wenig ein Mensch braucht, um glücklich zu sein – und noch seltsamer, dass einem gerade das Wenige fehlt.

Wenn du glücklich bist, informiere dein Gesicht.

Glück ist der Stuhl, der plötzlich da ist, wenn man sich zwischen zwei andere setzen wollte. George Bernard Shaw

Glück ist etwas, das man zum ersten Mal wahrnimmt, wenn es sich mit großem Getöse verabschiedet. Marcel Achard

Aus dem Weihnachten wird immer mehr ein **Glüh-Weinachten**.

Wir mögen keinem gerne **gönnen**, dass er was kann, was wir nicht können. Wilhelm Busch

Lieber ein Haus im **Grünen** als Die Grünen im Haus. Johannes Rau

H

Das Kuriose an **Haaren** ist, dass sie nie richtig liegen, wenn sie es sollen, und nur dann perfekt sitzen, wenn es niemanden juckt.

Haarscharf daneben ist auch vorbei.

Wer nur das Haar in der Suppe sucht, wird nie satt.

Hier arbeiten wir **Hand** in Hand. Was die eine nicht schafft, lässt die andere liegen.

Nicht alles, was **harmonisch** klingt, stimmt! Nicht alles, was stimmt, ist Musik in den Ohren!

Ein Stein ist noch kein **Haus**.
Aber ein Anfang.

Ein trautes **Heim** ist ein Heim, in das man sich heimtraut.

Wer einen tollen **Hecht** geangelt hat, sollte auch wissen, wie man ihn zubereitet.

Manche werden vom **Hero** zum Zero.

Ein Held kann man sein, auch ohne die Erde zu verwüsten. Nicolas Boileau-Despréaux

Wer sein **Herz** nicht verschenkt, kann keine Herzlichkeit erwarten.

Die besten und schönsten Dinge auf der Welt kann man weder sehen noch hören. Man muss sie mit dem Herzen fühlen. Helen Keller

Das Herz hat seine Gründe, von denen der Verstand nichts weiß. Blaise Pascal

Hinfallen, aufstehen, Krönchen richten, weitergehen.

Humor ist das Salz des Lebens, und wer gut gesalzen ist, bleibt lange frisch.

Humor ist die Trotzphase des Geistes.

Humor ist gelebte Fehlerkultur.

Ich habe so einen **Hunger**, dass ich vor lauter Durst nicht weiß, was ich rauchen soll, so müde bin ich.

Ich bin, wie ich bin. Die einen kennen mich, die anderen können mich. Konrad Adenauer

Ideologen sind Leute, die glauben, dass die Menschheit besser ist als die Menschen.
Italo Svevo

Es braucht mehrere, um **intelligent** zu sein.
Huldrych Zwingli

Nichts ist gefährlicher als Intelligenz ohne Charakter. Ludwig Börne

Die Welt **isst** nicht gerecht.

J

Nächstes **Jahr** werde ich alles ganz anders machen. Wenn nur schon nächstes Jahr wäre.

Die Zeiten scheinen vorbei, als sich **Journalisten** noch als Anwälte der Wahrheit und Widerpart der Mächtigen verstanden.
Gabriele Kuby

Kluge Menschen verstehen es, den Abschied von der **Jugend** auf mehrere Jahrzehnte zu verteilen. Françoise Rosay

K

Vor dem ersten **Kaffee**:
Klappe halten!

Kauf 1, zahl 2.

Yes, we **Kennedy**.

Eine **Kerze** verliert nichts, wenn man mit ihr eine andere Kerze anzündet.

Statt zu **klagen**, dass wir nicht alles haben, was wir wollen, sollten wir lieber dankbar sein, dass wir nicht alles bekommen, was wir verdienen. Dieter Hildebrandt

Das **Klavier** ist an sich eine harmlose Sache, die Gefahr geht vom Pianisten aus.

Mit zunehmendem Alter wird man nicht **klug**, man weiß nur besser, dass es die anderen auch nicht sind.

Der Klügere gibt nach, so lange, bis er der Dumme ist.

Ein Mensch kann nur einem Menschen helfen, wenn er vor ihm **kniet**.

Ich verstehe ja das Prinzip vom **Kochen** und Putzen, nur nicht, was das mit mir zu tun hat.

Egal, was ich koche, es werden immer Nudeln.

Früher haben wir vor dem Essen immer gebetet, aber jetzt hat meine Frau einen Kochkurs gemacht.

93% aller Köche meinen, dass sie nicht zu denen gehören, die den Brei verderben.

Die **Kombination** aus früh, kalt und dunkel ist absolut nicht mein Ding.

Das Großreich der Deutungen ist eines der schwierigsten **Königreiche** der Welt.

Lieber mit vollem Mund sprechen als mit leerem **Kopf**. nach Orson Welles

Wo viel **kopiert** wird, wird wenig kapiert.

In Russland wächst **Korn** wie Telegraphenmasten – nicht so groß, aber im gleichen Abstand.

Was Überwindung **kostet**, lässt man sich etwas kosten.

Was Worte verschweigen, verrät der **Körper**.

Kritik ist der unbezahlte Wächter meiner Seele.

Manch einer lässt sich lieber durch Lob ruinieren als durch Kritik helfen.

Die gegenwärtige **Krise** ist keine vorübergehende Unterbrechung des Wirtschaftswachstums, sondern dessen Ergebnis.

Andre Gorz

Investieren Sie in **Kuba** – es ist das einzige Land ohne das Risiko einer kommunistischen Revolution. Fidel Castro

Der **Kunde** ist König. Aber die Monarchie wurde bekanntlich abgeschafft.

Alle Kunden sind gleich – mir jedenfalls.

Kunst kommt von Können, künstlich von Fälschung.

L

Wenn man zum **Lachen** in den Keller geht, kann man auf dem Weg auch den Müll rausbringen.

Lache nie über die Dummheit der anderen! Sie könnte deine Chance sein!

Wenn am Tag mein Umfeld Tränen lacht, bin ich zufrieden.

Ein Tag, an dem man nicht lacht, ist ein verlorener Tag. Charly Chaplin

Jeder **lächelt** in derselben Sprache.

Damals, als wir noch keine Smartphones hatten, haben wir vor **Langeweile** den Inhalt aller Reinigungsmittel gelesen.

Nach einem missglückten **Landeanflug** und heftigem Durchstarten sagte der Pilot: „Meine Damen und Herren, willkommen bei der Air-Berlin-Happy-Hour: zwei Landungen zum Preis von einer."

MAN – der Anfang aller **Laster**.

Wenn die Dinge nicht so **laufen**, wie du es dir vorstellst, dann stell dir etwas anderes vor.

Leben wird gelebt, nicht doziert.

Wer schneller lebt, ist eher fertig. Und wer früher stirbt, ist länger tot.

Das Leben ist ungerecht, aber denke daran, nicht immer zu deinen Ungunsten.
John F. Kennedy

Das Leben ist zu kurz für Knäckebrot, ich will Schokolade.

Es gibt zwei großartige Tage im Leben eines Menschen: den Tag, an dem wir geboren werden, und den Tag, an dem wir entdecken, wofür. William Barclay

Das Leben ist am schwersten drei Tage vor dem Ersten.

Satzzeichen können Leben retten: „Komm, wir essen Opa!", oder: „Komm, wir essen, Opa!"

Es gibt Tage im Leben, da muss man einfach durch. Manchmal dauert das Jahre.

Leben ist das, was passiert, während du eifrig dabei bist, andere Pläne zu machen. John Lennon

Lebenskünstler nehmen von allem ein wenig, aber immer nur das Beste.

Lebenskünstler ist, wer seinen Sommer so erlebt, dass er ihn noch im Winter wärmt.

Alfred Polar

Die wahre Lebensweisheit besteht darin, im Alltäglichen das Wunderbare zu sehen.
Pearl S. Buck

Manche sagen, das Glas ist halb **leer,** andere sagen, das Glas ist doppelt so groß, wie es sein müsste.

Vorwurfsvoll sagt Frau Meier zur **Lehrerin**: „Sie sollten den Kindern keine Rechenaufgabe mehr geben, in denen eine Flasche Bier 30 Cent kostet. Mein Mann konnte die ganze Nacht vor Aufregung nicht schlafen."

Tu deinem **Leib** etwas Gutes, damit deine Seele Lust hat, darin zu wohnen. Teresa von Ávila

Lernen ist wie rudern gegen den Strom – wenn man aufhört, treibt man zurück.

Leise ist laut genug.

Liebe dich selbst, dann können die anderen dich gern haben.

Liebe ist etwas Wunderbares – ich habe schon viel darüber gelesen.

Geliebt wirst du einzig, wo du dich schwach zeigen darfst, ohne Stärke zu provozieren.

Wenn am Auto ein **Licht** brennt: Da feiert ein Auto den 1. Advent.

Muss dringend einkaufen, habe nur noch Licht im Kühlschrank.

Lieber ein **Lied** auf den Lippen als ein Pfeifen im Ohr.

Wer **links** im Graben liegt, für den ist die Mitte der Straße schon rechts.

Ohne **LKW** wäre die Autobahn schön leer. Genauso wie Ihr Kühlschrank.

Wer nur auf die **Löcher** starrt, verpasst den Käse.

Wenn das die **Lösung** ist, will ich mein Problem zurück.

Ich habe keine Lösung, aber ich bewundere das Problem.

Treffen sich ein **Luftballon** und ein Kaktusssssssssssss ...

Viel heiße Luft macht noch keinen Heißluftballon.

Die **Lüge** ist wie ein Schneeball: Je länger man ihn wälzt, desto größer wird er. Martin Luther

Die Einkommensteuer hat mehr Menschen zu Lügnern gemacht als der Teufel.

William Pierce Rogers

Die drei häufigsten Lügen der Menschheit: 1. Ich liebe dich; 2. Ich habe überwiesen; 3. Ich bin gleich zu Hause!

Der Weg zur **Lunge** muss geteert sein, damit der Krebs nicht stolpert.

Machen Sie sich nichts vor – Ihnen macht sowieso keiner was nach!

Wer **Macht** demonstriert, offenbart seine Ohnmacht.

Andreas Tenzer

Wer alles macht, lässt wohl alles mit sich machen.

Jeder macht, was er will, keiner macht, was er soll, aber alle machen mit.

Der **Mann** hat Augen, um zu sehen, die Frau, um gesehen zu werden.

Die Männer würden den Frauen gerne das letzte Wort lassen, wenn sie sicher sein könnten, dass es wirklich das letzte ist.

Eine Dame ist eine Frau, deren bloße Anwesenheit zur Folge hat, dass sich Männer wie Herren benehmen. Henry Louis Mencken

Ein reicher Mann ist nichts anderes als ein armer Mann mit Geld. W.C. Fields

Es hat keinen Sinn, mit Männern zu streiten, sie haben ja doch immer unrecht. Zsa Zsa Gabor

Ich nehme aus Prinzip nur Frauen per Anhalter mit, da Männer schließlich zumindest von ihren physischen und psychischen Voraussetzungen her selbst Auto fahren können.

Es stimmt gar nicht, dass Männer nicht multitaskingfähig sind: Sie können ohne Mühe mehrere Probleme gleichzeitig ignorieren.

Männer werden sieben, danach wachsen sie nur noch.

Schön reden tut's nicht – die Tat ziert den Mann.

Zwei alte Männer füttern die Enten am Teich im Stadtpark. Die Vorübergehenden sehen nicht, dass der eine der Pförtner und der andere der Generaldirektor war. Doch einen von beiden ärgert das.

Ein Mann – ein Bauch!

Es gibt Männer, die leiden –
unter einer Lebensmittel-
schwangerschaft.

Ein Mann auf dem
Sofa: „Erst war ich
in einer Selbsterfah-
rungsgruppe, dann in
einer Männergruppe,
aber richtig zu mir selbst gefunden habe
ich erst in dieser Sitzgruppe."

> Männer brauchen nur fünf
> Sekunden, um jemandem fünf
> Minuten zuzuhören.

Es gibt Männer, die haben einen Waschbrettbauch, andere ein Überhangmandat und
wieder andere eine Bio-Tonne.

Alle Männer haben einen Waschbrettbauch,
bei manchen tragen nur die Textilien etwas
stark auf.

Die drei größten Krisen im Leben eines Mannes: Frau weg, Job weg und Kratzer im Lack.

Karl **Marx** – nach seinem Tod wurde sein
Vermächtnis aufgeteilt: Der Osten bekam das
„Kommunistische Manifest" und der Westen
das „Kapital".

Die Tragik des 20. Jahrhunderts liegt darin, dass es nicht möglich war, die Theorien von Karl Marx zuerst an Mäusen auszuprobieren.
Stanislaw Lem

Ohne **Mauern** hat man einen weiten Blick. Aber auch Wildschweine im Blumenbeet.

McDonald's – keiner geht hin, aber es ist immer voll.

Wer sich sorgen kann, hat keine Ausrede, nicht auch **meditieren** zu können.

Immer wenn man die Meinung der **Mehrheit** teilt, ist es Zeit, sich zu besinnen.

Sag, was du **meinst**, und du bekommst, was du willst.
Georg Walther

Es gibt drei Sorten von **Menschen**: Die, die nicht bis drei zählen können, und die, die es können. Ullrich Lochmann

Jeder Mensch hat ein Verfallsdatum und jeder Schuh ein Ablaufdatum.

Ich hasse Menschen, Tiere und Pflanzen; Steine sind o.k.

Ein entschlossener Mensch wird mit einem Schraubenschlüssel mehr anzufangen wissen als ein unentschlossener mit einem ganzen Werkzeugladen. Emil Oesch

Die **medizinische** Forschung hat so enorme Fortschritte gemacht, dass es überhaupt keine gesunden Menschen mehr gibt. Aldous Huxley

Ich arbeite an der zweiten **Million**, die erste hat nicht geklappt.

Prestigeobjekte sind materialisierte **Minderwertigkeitskomplexe**.

Meist sind an **Misserfolgen** schuld: zu wenig und zu viel Geduld!

We don't make **mistakes**.
We do variations.

Wer im **Mittelpunkt** stehen will, muss mit den Pfeilen der anderen leben.

Wenn man im Mittelpunkt steht, steht man nur jedem im Weg.

Ein gutes **Möbelstück** muss mindestens so lange halten, bis der Baum, aus dem es gemacht wurde, nachgewachsen ist.
Horst Metzger

43

Ich geh alle **Montage** auf Montage.

Prahl nicht heute: **Morgen** will ich dieses oder jenes tun. Schweige doch bis morgen und sage dann: Dies tat ich nun!

Verschiebe nicht auf morgen, was genauso gut auf übermorgen verschoben werden kann. Mark Twain

Verschiebe nur dann etwas auf morgen, wenn es dir nichts ausmacht, darüber zu sterben. Pablo Picasso

„Mama, der **Müllmann** ist da!" – „Sag ihm, wir brauchen nix."

Wer seinen **Mund** zu voll nimmt, muss aufpassen, dass er keine leeren Versprechungen macht.

Ihr müsst **Muskeln** an Stellen kriegen, wo andere Leute nicht mal Stellen haben. Gilbert Zacher

Wir sind nicht auf der Erde, um ein **Museum** zu hüten, sondern, um einen Garten zu pflegen, der vor blühendem Leben strotzt. Johannes XXIII.

Niemand bekommt so viel dummes Zeug zu hören wie die Bilder in einem Museum. Jules und Edmond Huot de Goncourt

Die Kunst des Lebens besteht darin, **Mut** zu haben, aber nicht übermütig zu werden, leicht zu leben, ohne leichtsinnig zu sein, großzügig zu sein ohne Verschwendung. Theodor Fontane

Wenn jemand eine Schraube locker hat, liegt es an der **Mutter**.

Gute Mütter wissen: Gemüse schmeckt wesentlich besser, wenn man es kurz vor dem Servieren durch ein Schnitzel ersetzt.

N

Wer ständig die **Nadel** im Heuhaufen sucht, braucht sich nicht über Heuschnupfen zu wundern.

Ein **Nachbar** ist ein Mensch, der die geliehene Schneeschaufel zurückbringt, wenn er sich den Rasenmäher ausleiht.

Die **Natur** macht Frauen verschieden – die Mode macht sie gleich. Christine von Schweden

Wer die Natur betrachtet, wird vom Geheimnis des Lebens gefangen genommen.

Mich muss man sich **nervlich** erst mal leisten können.

Niveau ist keine Hautcreme!

Wer überall Spitze sein muss, verflacht auf hohem Niveau.

O

Die Basis einer gesunden **Ordnung** ist ein großer Papierkorb. Kurt Tucholsky

Nur wer **Öl** hat, muss darauf achten, dass er nicht ausbrennt.

Der kleine Unterschied: Beim All-you-can-eat-Buffet kannst du essen, so viel du willst. Bei **Oma** musst du essen, so viel sie will.

Mir ist kein **Opfer** zu groß, das die anderen für mich tun können.

Ein **Optimist** ist ein Mensch, der alles halb so schlimm oder doppelt so gut findet.

Ein Optimist ist jemand, der aus dem Fenster im 20. Stock eines Hochhauses fällt und beim Vorbeifliegen an der zweiten Etage ruft: „Bis jetzt ist alles gutgegangen!"

Der Optimist sieht in jedem Problem eine Aufgabe. Der Pessimist sieht in jeder Aufgabe ein Problem.

Opportunisten segeln mit dem Wind, den andere machen.

Nach **Ostern** ist vor Ostern.

Werde ein **Original**, die anderen gibt es ja schon.

P

Wenn man im Mittelpunkt einer **Party** stehen will, darf man nicht hingehen.

Handtuchwerfen – der Lieblingssport der **Pessimisten**.

Ein Pessimist ist ein Mensch, der das Schlimmste erhofft und auf das Beste gefasst ist. Karl Kraus

Am Sonntag waren wir mit Michi mitsamt seinem Bogen und fünf selbstgeschnitzten **Pfeilen** im Wald. Nachdem wir einige Pfeile ins bunte Herbstlaub geschossen hatten, gab ich meiner Mannschaft folgenden Rat: „Das ist der beste Pfeil, den müssen wir im Auge behalten."

Anstatt **Phantasie** zu entfalten, debattieren die Deutschen, ob Phantasie mit F geschrieben werden darf. Heribert Späth

Wer Plätze einnimmt, die ihm nicht zustehen, bringt andere zum Platzen.

Wer keinen **Platz** hat, muss ständig darum kämpfen, denn er leidet an Platzangst.

Schlanke Leute haben mehr Platz, und dicke Kinder sind schwerer zu kidnappen.

Politiker zu kaufen ist altmodisch; in der modernen Demokratie kauft man Wähler. Johannes Gross

Der beste Platz für einen Politiker ist das Wahlplakat. Dort ist er tragbar, geräuschlos und leicht zu entfernen. Loriot

Die Abgeordneten glauben ihre Pflicht schon dann erfüllt zu haben, wenn sie sich gewählt ausdrücken. Bert Berkensträter

Political Correctness ist die moderne Form der Folterung.

Mein **Portemonnaie** ist aus Zwiebelleder, mir kommen immer die Tränen, wenn ich da reingucke.

Wir haben ein **Problem** mit Soll und Haben: Wir sollten, aber haben nicht.

Die meisten Menschen wenden mehr Zeit und Kraft darauf, um die Probleme herumzureden, als sie anzupacken. Henry Ford

Mann bei einer Windows-Hotline: „Ich habe Windows XP. Und ich habe ein Problem." Angestellter: „Das sagten Sie bereits."

Wenn Sie ein Problem haben, das Sie nicht lösen können, dann suchen Sie sich doch einfach ein neues.

Antiquitäten sind Kitsch von gestern zu **Preisen** von heute.

Die kurze Freude über den kleinen Preis steht in keinem Verhältnis zu dem jahrelangen Ärger über die miese Qualität. Farben Vögele

Promovieren Sie mich nicht, sonst müssen Sie die Konferenzen tragen.

Prüfungen sind deshalb so schlimm, weil der größte Trottel mehr fragen kann, als der klügste Mensch zu beantworten vermag.

Wer immer nur **putzt** und wienert, ist bescheuert.

Wenn man aus allen **Quellen** getrunken hat und immer noch durstig ist, hat man was falsch gemacht.

Wer immer im Mittelpunkt stehen will, wird manchmal schnell zur **Randfigur**.

Mit dem **Rauchen** aufzuhören ist kinderleicht. Viele haben es schon hundertmal geschafft.

Arzt zum Raucher: „Tut mir leid, aber wir müssen Ihnen leider das Bein abnehmen." Sagt der Mann: „Gott sei Dank, ich dachte schon, Sie wollten mir das Rauchen verbieten."

Jeder dritte Zwölfjährige raucht, der Rest ist bereits zu besoffen, um die Packung aufzumachen.

Rauchen ist ein Ritual, um böse Geister, wie zum Beispiel Nichtraucher, zu vertreiben.

Wolfram Weidner

Amerikaner sind nie arm, nur noch nicht reich.

> Wer andere **reich** machen will, muss bei sich selbst anfangen.

Wer ständig spitze **Reden** führt, ist lange noch nicht spitze.

Wer hinter meinem Rücken redet, redet mit meinem Hintern.

Nur wer denkt, er muss es jedem **recht** machen, hat noch lange kein Recht darauf, dass es ihm jeder recht macht.

PS: Die **Rechtschreibfehler** in diesem Text ergeben in die richtige Reihenfolge gesetzt einen Geheimcode.

Du siehst nie einen **Regenbogen**, wenn du nach unten schaust.

Leben heißt nicht, zu warten, bis der Sturm vorüberzieht, sondern lernen, im **Regen** zu tanzen.

Ich stehe hinter jeder **Regierung**, unter der ich nicht sitzen muss, wenn ich nicht hinter ihr stehe.

Mir **reicht's**, ich geh schaukeln!

Nicht wir halten den **Ruhetag**. Der Ruhetag hält uns. Pete Scazzero

In meinem Zimmer **rußt** der Ofen, in meinem Herzen ruhst nur du.

S

Sage, was du gerne hättest,
aber nimm getrost auch, was du nicht magst.

Now we have the **salad**!

Lieber von Picasso gemalt als vom **Schicksal** gezeichnet.

> **Schlagfertigkeit** ist, was einem nach der Rede auf dem Heimweg einfällt.
> Mark Twain

Lieber heimlich **schlau** als unheimlich doof.

Es war nicht alles **schlecht**, was früher einmal gut war.

Nur, wer das **Schloss** nutzt, hat Schlüsselerlebnisse.

Wer zu **schnell** unterwegs ist, wird aus der
Bahn geworfen.

Lieber ein Stück **Schokolade** von der Tante
als ein Klavierstück vom Onkel.

Alles ist gut, wenn es aus Schokolade ist.

Sind Schokoladenosterhasen eingeschmolze-
ne, nicht verkaufte Weihnachtsmänner?

Wenn Sie sich einer **Schönheitsoperation**
unterziehen, sehen Sie zwar fünf
Jahre jünger aus, aber auch
20 Jahre dümmer.

Hat man eine Million
Schulden, hat man
ein Problem, hat man
eine Milliarde Schul-
den, hat die Bank ein
Problem.

Man muss die Schuld auch
mal bei anderen suchen.

„Schule" ist abgeleitet vom lateinischen
„Schola", was ursprünglich Ruhe, Muße be-
deutet, auch geistige Tätigkeit während der
Mußestunden – Stillarbeiten.

Suche neuen **Schutzengel** – meiner ist mit
den Nerven am Ende!!!

Man ist niemals zu **schwer** für seine Größe, aber man ist oft zu klein für sein Gewicht.

Wer ständig Schwerwiegendes sagt, ist nicht lange zu ertragen.

Nicht weil die Dinge schwierig sind, wagen wir sie nicht, sondern weil wir sie nicht wagen, sind sie schwierig. Seneca

Zum **Schweigen** fehlen mir die passenden Worte!

Lieber ein **Schwimm-Becken** als ein Tennisarm.

Wer sich nur um sich dreht, lebt vom **Schwindel**.

Mit einem zerfetzten **Segel** kann man noch Wunden verbinden.

Wer sich nur um sich **selbst** dreht, verletzt ständig diejenigen, die ihm zu nahe kommen.

Sexualität – Gottes Explosionsgeschenk.

Zwischen **Sieg** und Niederlage wird zwischen den Ohren entschieden.

Er kam, sah und siegte. Man kann die gleiche Aussage auch etwas länger ausdrücken:

In der rechtzeitig erfolgten Ankunft und der umsichtigen Einschätzung der Lage war der Sieg schon beinhaltet.

Wenn es **Silvester** schneit, ist Neujahr nicht weit.

Smartfahrer schnallen sich nicht an, weil sie das Gefühl haben, einen Rucksack auf dem Rücken zu tragen.

Ein **Snob** ist ein Mensch, der sich, ohne eine Miene zu verziehen, auf ein Stachelschwein setzt, nur weil man ihm gesagt hat, dass dies ein von Picasso entworfener Stuhl sei.
Stirling Moss

Saftflecken auf dem **Sofa** bekommt man sehr gut mit einem Glas Rotwein heraus.

Heute ist das Morgen, über das du dir gestern **Sorgen** gemacht hast.

Hoffentlich fällt der **Sommer** dieses Jahr auf einen Samstag.

Halte dir jeden Tag 30 Minuten für deine Sorgen frei, und in dieser Zeit mache ein Nickerchen. Abraham Lincoln

Du darfst machen, was du willst, Hauptsache ist, es macht keinen **Spaß**.

Wenn man Spaß an einer Sache hat, dann nimmt man sie auch ernst.
Gerhard Uhlenbruck

Zu **spät** kommt man immer rechtzeitig.

Lieber etwas **Speck** auf der Hüfte als Magersucht im Gehirn!

Die Karawane der **Spötter** wird die Oase der Weisen nie erreichen.

Sprache schafft Wirklichkeit.

Nicht jeder **Spruch** ist gut, nur weil er sich schön anhört.

Wer Stimmen hören kann, kann auch **spülen**.

Wenn du die **Spur** nicht wechselst, hast du keine Chance zum Überholen.

Auf dem Grabstein: „Er lebte still und unscheinbar; er **starb**, weil es so üblich war."
Manfred Lütz

Pass auf, für was du dich **stark** machst. Du könntest es kriegen.

Ich bin stärker, als du aussiehst.

Ein **Stein** und ein Brett treffen sich.
Sagt der Stein:
„Ich bin ein Stein."
Da sagt das Brett:
„Wenn du Einstein
bist, bin ich Brett
Pitt."

Hat die Steinzeit auf-
gehört, als es keine Steine
mehr gab?

Sterne fallen nicht vom
Himmel, sie werden geboren.

Stille ist der Zustand, wenn
die Menschen nur noch von Dingen
sprächen, von denen sie etwas verstehen.

Deine **Stimme** ist wie ein Hauch im Wind –
nur mit mehr Geruch.

Als ich erfuhr, dass ich mit einer Stimme Vor-
sprung gewählt wurde, wusste ich, dass ich
meine Stimme dem Richtigen gegeben hatte.
Bill Cosby

Die Leute, die die Stimmen abgeben, entscheiden nichts. Die Leute, die die Stimmen
zählen, entscheiden alles. Josef Stalin

Menschen **stolpern** nicht über Berge, sondern über Maulwurfshügel. Konfuzius

In keiner Lebenslage denkt der Mensch so sehr ans Vorwärtskommen wie vor dem **Stoppschild**. Theo Lingen

Wer heller **strahlt** als erlaubt, stellt andere in den Schatten.

Wer **Straßen** sät, wird Verkehr ernten.

Wer zwischen den **Stühlen** sitzt, bleibt wach.

Es gibt solche und **Strolche**.

Niemand hätte jemals den Ozean überquert, wenn er die Möglichkeit gehabt hätte, bei **Sturm** das Schiff zu verlassen.
Charles F. Kettering

Bin weg, um nach mir zu **suchen**, sollte ich zurückkommen, bevor ich wieder da bin, sagt mir bitte, ich soll hier warten, bis ich zurück bin!

Das sind keine Schattenringe, das sind die Schatten großer **Taten**.

Ob einem **Tech-no-Musik** gefällt, ist keine Frage des Geschmacks, sondern eine Frage des IQs oder des Alkoholpegels. D. Lochmann

Heute betrinke ich mich mit **Tee**, bis ich 2,5 Kamille habe.

Theorie ist, wenn man alles weiß und nichts klappt. Praxis ist, wenn alles klappt und keiner weiß, warum.

Hochstapler haben selten **Tiefgang**.

Nicht jeder, der tiefergelegt fährt, hat auch Tiefgang.

Beruflich würde ich gerne was mit **Tieren** machen, Metzger oder so.

Solange Menschen noch denken, dass Tiere nicht fühlen, müssen Tiere noch fühlen, dass Menschen nicht denken.

Kam früher die 18-jährige **Tochter** mit einem Igelhaarschnitt punkig nach Hause, bekam Mama einen Weinkrampf. Kommt sie heute mit kurzen grünen Igelhaaren nach Hause, fragt Mama nach dem Friseur.

Der Sparsame spart fürs Leben, der Geizige für den **Tod**.

Wenn du tot bist, weißt du nicht, dass du tot bist. Aber für dein Umfeld ist es hart. Genauso ist es, wenn du blöd bist.

Wer tot ist, ist tot. Damit muss er leben.

Toleranz ist die Erkenntnis, dass es keinen Sinn hat, sich aufzuregen.

Toleranz wird immer stärker ein Kampfbegriff gegen Wahrheit.

Das Einzige, was dich davon abhält, deine **Träume** zu verwirklichen, bist du.

Wer keinen Mut zum Träumen hat, hat keine Kraft zum Kämpfen.

Du kannst alles schaffen, wovon du träumst. Es sei denn, es ist zu schwierig.

Treue ist kein Bekenntnis, sondern eine Tat.

Was heute gefragt ist, sind **Tu-Bürger**, nicht Wut-Bürger!

Viele wissen nicht, was sie **tun** sollen, und sie tun es auch nicht.

Ich gebe, was ich habe, und tu, was ich kann, mehr kann ich nicht.

> Tu, was du willst, und du wirst es bereuen.

Viele wissen nicht, was sie tun, und tun nicht, was sie eigentlich wissen sollten.

Alles, was nötig ist, damit schlechte Menschen triumphieren, ist, dass gute Menschen nichts dagegen tun.

Man sieht nur die Folgen seines Tuns, nicht die Erfolge seines Lassens.

Die gesündeste **Turnübung** ist das rechtzeitige Aufstehen vom Esstisch. Giorgio Pasetti

U

Es gibt Menschen, denen regnet es vor **Überheblichkeit** in die Nasenlöcher.

Wer immer auf die **Uhr** schaut, hat keinen besseren Zeitvertreib.

Wer sich im **Urlaub** wie zu Hause fühlen möchte, sollte lieber gleich zu Hause bleiben.

Umwege erweitern die Ortskenntnis.

Schild an der **Uni**: Nixtun für Fortge-schrittene.

Man muss das **Unmögliche** so lange anschauen, bis es eine leichte Angelegenheit ist. Das Wunder ist eine Frage des Trainings.

Unkraut nennt man die Pflanze, deren Vorzüge noch nicht erkannt wurden.

Antwort eines sehr reichen **Unternehmers**, der einst sein BWL-Studium wegen einer mehrfach nicht bestandenen Mathe-Klausur abbrach, auf die Frage, wie er trotzdem zu so viel Geld kam: „Ich kaufe Elektronik-Bauteile in Asien für einen Euro, verkaufe sie hier für fünf Euro weiter, und von den 4% lebe ich ganz gut."

Demokratie darf nicht so weit gehen, dass in der Familie darüber abgestimmt wird, wer der **Vater** ist. Willy Brandt

Nichts bedarf dringender der **Verbesserung** als die Angewohnheiten anderer Leute.

Mark Twain

In jedem **Verein** gibt es passive, aktive und hyperaktive Mitglieder.

Wir stehen nicht vor großen Herausforderungen, sondern vor großen **Verheißungen**.

Die **Vergangenheit** sollte ein Sprungbrett sein, kein Sofa.

Ich merke mir zwar nichts, dafür **vergesse** ich aber umso mehr.

Was ist paradox? Wenn man ein eingefleischter **Vegetarier** ist.

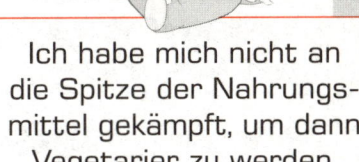

Sekundärvegetarier sind Menschen, die nur Tiere essen, die kein Fleisch essen, wie zum Beispiel Kühe.

Ich habe mich nicht an die Spitze der Nahrungsmittel gekämpft, um dann Vegetarier zu werden.

Wir selbst müssen die **Veränderung** sein, die wir bei anderen sehen wollen.

Bitte **vergib** mir, ich bin ein ungeschliffener Diamant.

Der **Verstand** und die Fähigkeit, ihn zu gebrauchen, sind zwei verschiedene Gaben.
Franz Grillparzer

Vertrauen ist, wenn man trotzdem dankt.

Wer sich **VOR**drängt, über den spricht man hintenrum.

Wir sind das **Volk**, yes, we can!

W

Ich weiß nicht, mit welchen **Waffen** im Dritten Weltkrieg gekämpft wird, aber ich weiß, mit welchen im vierten: mit Knüppeln und Steinen. Albert Einstein

Aus manchem **Wahlkampf** wurde schnell ein Wahlkrampf.

Es hat einen großen Vorteil, die **Wahrheit** zu sagen: Man braucht kein so gutes Gedächtnis. Mark Twain

Statt dich über die Lügen zu beklagen, die über dich erzählt werden, sei lieber froh, dass niemand die Wahrheit über dich erzählt!

> Die Wahrheit hat immer drei Seiten: meine, deine und die richtige.

Genitiv ins **Wasser**, weil es Dativ ist (für alle, die in der Schule in Deutsch nicht so gut waren, hier die Übersetzung: Geh nie tief ins Wasser, weil es da tief ist).

„Papa, da sammelt einer für das neue Schwimmbad." – „Na, dann gib ihm einen Eimer Wasser."

Wenn der **Weg** prinzipiell das Ziel ist, dann ist ja der Stau die höchste Erfüllung des Menschen.

Wer nur auf seinen Weg blickt, verliert die Richtung.

Wegweiser sind weg, Weiser.

Wer sich nicht **wehrt**, landet am Herd.

Es ist sehr fraglich, ob Gänse, Karpfen und Truthähne das **Weihnachtsfest** als Erlösung betrachten.

Ein Mann, vormittags am 24.12.: „Ich habe alle meine Weihnachtsgeschenke zusammen, jetzt fehlen mir nur noch die für die anderen."

Hüte dich mit **weiser** Vorsicht vor dem Vielerlei der Tätigkeiten.

Dem Anderen sein Anderssein verzeihen, das ist der Anfang der Weisheit.

Weise ist nicht, wer viele Erfahrungen macht, sondern wer aus wenigen lernt, viele nicht machen zu müssen. Karlheinz Deschner

Wer weiß, dass er nichts **weiß**, weiß mehr, als derjenige, der nicht weiß, dass er nichts weiß.
Lothar Schilde

Some folks are wise and some otherwise.

Es kommt nicht darauf an, was man weiß, sondern was einem im richtigen Moment einfällt!

Willst du etwas wissen, dann frage einen Erfahrenen, keinen Gelehrten.

Manche wissen alles ganz genau, können sich aber nicht erklären, warum niemand mit ihnen spricht.

Fürchte dich **weniger**, hoffe mehr, iss weniger, kaue mehr, jammere weniger, atme mehr, rede weniger, liebe mehr.

Wenn und Vielleicht fuhren in einem Boot. Und wenn Wenn nicht gewesen wäre, wäre Vielleicht vielleicht ertrunken.

Werbung ist die Kunst, auf den Kopf zu zielen und die Brieftasche zu treffen.
Vance Packard

Bitte keine Werbung einwerfen!
(Außer für Schuhe!)

50% der Werbemaßnahmen sind für die Tonne, man weiß nur noch nicht genau, welche.

Erkenne, wer du im Kern deines **Wesens** bist, und dann werde es! Pindar

Wer Gegenwind spürt, kann davon ausgehen, dass er in Fahrt gekommen ist.

Man muss die Segel in den unendlichen Wind stellen, dann erst werden wir spüren, zu welcher Fahrt wir fähig sind.

Wer nichts wird, wird **Wirt**.

Witze kann man nur dann aus dem Ärmel schütteln, wenn man sie vorher hineingesteckt hat.

Man darf zwei Klavierträgern auf dem Weg in den 4. Stock nie einen Witz erzählen.

Wohlstand ist das Durchgangsstadium von der Armut zur Unzufriedenheit. H. Nahr

Gut, dass knurrende Mägen keine **Wölfe** sind.

Auch **Wolken** müssen manchmal Pipi.

Wer immer nur das letzte **Wort** hat, hat meist sonst nicht viel zu sagen.

Große Geister sagen in wenigen Worten viel, Kleine in vielen nichts. François de La Rochefoucauld

Wir sind hier nicht bei „Wünsch dir was", sondern bei „So isses!".

Ein jeder **Wunsch**, wenn er erfüllt wird, kriegt automatisch Junge. Wilhelm Busch

Wenn du einen Menschen glücklich machen willst, dann füg nichts seinem Reichtum hinzu, sondern nimm ihm einige von seinen **Wünschen**.

Wer zu lange in der **Wüste** läuft, hält jede Oase für eine Fata Morgana.

Z

„**Zählt** so lange, wie ihr wollt, diesmal bleibe ich liegen." Inschrift auf dem Grabstein eines Boxers

Die Menschen verlieren zuerst ihre Illusionen, dann ihre **Zähne** und ganz zuletzt ihre Laster. Hans Moser

Es gehört zu den vielen Merkwürdigkeiten des Lebens, dass der Mensch immer bissiger wird, je weniger Zähne er hat.

Wer sich keine **Zeit** nimmt, ist irgendwann mitgenommen.

Wer sich die Zeit nicht nimmt, dem wird sie gestohlen.

Vor der Zeit zu ernten ist unreif.

Nicht die Zeit vergeht, der Mensch vergeht, die Zeit bleibt!

Mögen Sie an die guten Zeiten mit Freude denken, aus den schlechten lernen, im Heute leben und das Morgen willkommen heißen.

Dass die Zeit vergeht, gibt dem Leben den tiefen Ernst der Verantwortung für die Stunde. Paul Althaus

Es ist gut, wenn uns die verrinnende Zeit nicht als etwas erscheint, das uns verbraucht, sondern als etwas, das uns vollendet. Antoine de Saint-Exupéry

Der Langsamste, der sein **Ziel** nicht aus den Augen verliert, geht noch immer geschwinder als jener, der ohne Ziel umherirrt.

Gotthold Ephraim Lessing

Wir haben immer vollkommenere Mittel, aber immer mehr verworrene Ziele und Werte.

nach Albert Einstein

Tagsüber **Zirkus**, abends Theater.

Von den meisten Büchern bleiben bloß **Zitate** übrig. Warum nicht gleich nur Zitate schreiben? Stanislaw Jerzy Lec

Fasse dich stets kürzer, als irgendein **Zuhörer** zu hoffen wagte. <small>Rufus Daniel Reading</small>

Die **Zukunft** wirft Licht, die Vergangenheit Schatten.

Überlege dir, was du mit der Zukunft vorhast, bevor sich die Zukunft überlegt, was sie mit dir vorhat!

Aus der Vergangenheit zu lernen, kann jeder. Heute kommt es darauf an, aus der Zukunft zu lernen. <small>Herman Kahn</small>

A

Was denkt ein Christ, der **ADHS** hat? „Mit Gott kann ich über Mauern springen."

Wenn die Leute sagen: „Billy ist tot", glaubt ihnen nicht. Ich habe dann nur meine **Adresse** geändert. Billy Graham über sich selbst

Es ist komisch, dass wir Gott bitten, unsere Situation zu **ändern**, nicht wissend, dass er uns in diese Situation brachte, damit wir uns ändern.

Glaube wird stark im Dunkel der **Anfechtung**!

Erbitte Gottes Segen für deine Arbeit, aber verlange nicht auch noch, dass er sie tut.
Karl Heinrich Waggerl

Arbeit ist Gottesdienst im Alltag.
Heinrich Deich

Wer sich **ärgert**, büßt für die Sünden anderer. Konrad Adenauer

Feminismus hat ein Ende, wenn der Richtige da ist. Kommunismus endet bei 2500 € netto und **Atheismus**, wenn das Flugzeug vibriert.

Der erste Trunk aus dem Becher der Naturwissenschaften macht atheistisch, aber auf dem Grund des Bechers wartet Gott.

Werner Heisenberg

B

Zu ihm **bekennen** tut sich heute kaum einer mehr, aber passiert etwas Schreckliches, sagen alle: „Oh Gott!" Heinz Schüßler

Es braucht vier Bekehrungen: zu Gott, Jesus, zum Heiligen Geist und zur Bibel.

Ist die **Bekehrung** der Softwarewechsel meines Lebens?

Drei Bekehrungen gibt es also, sagt Martin Luther: des Herzens, des Verstandes und des Geldbeutels. Erst wenn der Geldbeutel von ihr erfasst ist, ist die Bekehrung vollständig.

Ich **bete** nur an Tagen, die mit „g" enden, und mittwochs!

Jesus hat nie gesagt: „**Bewundert** mich", aber: „Folget mir nach."

Die **Bibel** enthält keine Leseworte, sondern Lebeworte.
Martin Luther

Wenn es Gott gibt, woher kommt dann das **Böse**? Doch woher kommt das Gute, wenn es ihn nicht gibt?
Boethius

Lieber Gott! Wie viel **Blau** verschwendest du, dass wir dich nicht sehen? Odysseas Elytis

C

Was sagt ein im Ruhrpott geborener **Charismatiker** an der Pommes-Bude? „Mach mich eins mit allem."

Stell dir vor, du bist **Christ** und keiner merkt's.

D

Geh **danken** bei guten Gedanken, geh auf die Knie bei schlechten.

Im **Diakonissen**haus gibt es eine Oberin, aber keinen Ober. Dafür gibt es den im Restaurant, dort aber keine Oberin.

> **Dogmatisierte** Rechnung: 1+1+1=1 / Vater + Sohn + Heiliger Geist = Gott (das ist das Dogma der Dreieinigkeit).

E

Mein Mann redet so wenig in unserer **Ehe**. Er ist Pfarrer, da gehe ich gerne in den Gottesdienst, dass er wenigstens am Sonntag 20 Minuten mich anspricht.

Nicht Gott ist am **Ende**. Am Ende ist Gott.

Der Sieg Jesu ist endgültig. Am Ende gültig.

Engel sind personifizierte Gedanken Gottes.

Himmel vorhanden, Engel gesucht, dich gefunden.

Erkenntnisbewegung: „Kein anderes Evangelium".

Es gibt Christen, die sind nicht **erleuchtet**, die sind verstrahlt.

Ertragt euch, weil Er trägt euch!

Die **Evolution** ist eine weltweit anerkannte Theorie, nicht weil sie bewiesen werden könnte, sondern weil sie die einzige Alternative zur Schöpfung ist, an die wir nicht glauben wollen.

James D. Watson, Biochemiker

Wenn schon ich **existiere**, dann könnte es doch eigentlich auch Gott geben?

F

Werden Sie vom **Fan** zum Schaf. Fans bewundern Jesus nur, aber Schafe folgen ihm nach.

Freu dich immer mehr über Jesus, als du dich über deine **Fehler** ärgerst.

Mit Jesus lässt sich sogar die eigene **Feigheit** rechtfertigen.

Liebe Kinder! Das Christkind hat auch eure **Fotos** und Statusmeldungen auf Facebook gesehen. Deswegen bekommt ihr dieses Jahr zu Weihnachten ein Wörterbuch und mehr zum Anziehen.

> Gott will dich nicht fertig machen, aber **fertigmachen**.

Frommagisiert oder frommatisiert – ist alles Käse, was manche Christen machen?

Wer in den Himmel kommen will, muss ein gutes **Fundament** haben.

Wenn Jesus auf dem Wasser geht – ist das dann ein **füß-ikalisches** Wunder?

Werde **Ganzbibelleser**!

Gebet eines 80-Jährigen: „Oben klar und unten dicht, Herr Gott, mehr erbitt ich nicht."

Gebet ist die Tür aus dem Gefängnis unserer Sorge. Helmut Gollwitzer

Gebet am Abend: „Der Tag war lang, kümmere du dich um deine Herde, Herr. Ich geh jetzt schlafen."

Jesus ist konkurrenzlos, oder kennst du jemand, der die Wahl hatte, geboren zu werden oder nicht?

Ein Christ steigt in ein Taxi. Auf die Frage, wohin er wolle, antwortet er: „Egal – ich werde überall gebraucht!"

Jesus gerät ins Grübeln: Seine Geburt feiern sie mit Glühwein und Konsumrausch, seinen Tod mit Eiern und die Rückkehr zu seinem Vater mit Bierfässern.

Glaube ist immer persönlich, aber niemals privat.

„Hilf unserem Glauben" oder „Hilf unserem Unglauben"?

Ich glaube nur das, was ich sehe. Was ist aber, wenn ich nur das sehe, was ich glaube?

Gott, vergib mir meine Schuld, meine Gläubiger weigern sich.

Frage bei einer Straßenaktion: „Glauben Sie an Jesus?" – „Nein danke, wir sind katholisch!"

Für **Gnade** gibt es keinen Grund.

Was ist größer als **Gott** und schlimmer als der Teufel? NICHTS. Was haben die Armen, und was brauchen die Reichen? NICHTS.

Wenn Zeit, Geld und Kraft knapp werden: Wofür ich dann noch Zeit, Kraft und Geld habe, das ist mein Gott.

Manche **Gottesdienstbesucher** haben einen intelligenten Blick mit glasiger Abwesenheit.

Wenn Gott alles in **Händen** hat, brauche ich mir meine nicht schmutzig zu machen.

Das Gegenteil der **Heiligen** sind nicht die Sünder, sondern die Scheinheiligen. Glenn Close

Jesus ist ein **Heilmacher** in einer Welt voller Kaputtmacher.

Greife nach dem **Himmel**, und du wirst auch die Erde bekommen. Aber greifst du nach der Erde, wirst du keines von beiden bekommen.
C. S. Lewis

Wer den Himmel ernst nimmt, ist für die Erde tauglich.

Der Nachteil des Himmels besteht darin, dass man die gewohnte Gesellschaft vermissen wird. Mark Twain

An der Statue am Place de la Republique in Paris hing am 11.1.2015 nach dem Anschlag in Paris ein Zettel: „Islamist sein und in einem jüdischen Supermarkt enden. Die Pressefreiheit umbringen wollen und dann in einer Druckerei sterben – falls Gott existiert, dann hat er **Humor**."

J

Nur wer für die **Juden** schreit, der darf gregorianisch singen. Dietrich Bonhoeffer

K

Heißt der Kämmerer **Kämmerer**, weil er sich um seine Seele gekämmert hat?

Die **Kirche** ist die einzige Vereinigung in der Welt, die zum Wohlergehen ihrer Nichtmitglieder besteht. William Temple

Die Kirchen in Deutschland wollen mit der Zeit gehen und alle Glocken abbauen, dafür Digitaluhren einführen. Das Piepsen wird eher akzeptiert.

Schon gewusst? In der **Kirche** sitzen 90 Prozent Frauen, im Knast sitzen 90 Prozent Männer.

Wenn Du eine Kirche bauen willst, so trommle nicht Menschen zusammen, um Holz und Steine zu beschaffen, Werkzeuge vorzubereiten, Aufgaben zu vergeben und die Arbeit einzuteilen, sondern wecke in den Menschen die Sehnsucht nach Gott.

Ich kann nicht weniger Brüder und Schwestern haben, als mein Vater im Himmel Kinder hat.

> Jesus sagt: „Werdet wie die **Kinder**." Ist das nicht kindisch?

Im Kindergarten werden die Kinder auf die Erwachsenenwelt vorbereitet, in der Kirche sollten die Erwachsenen auf die Kinderwelt vorbereitet werden („wenn ihr nicht werdet wie die Kinder ...").

Zwei **Konfirmanden** unterhalten sich, sagt der eine: „Was machst du denn hier?!" Darauf der andere: „Nicht bestanden, ich muss nachsitzen."

Auch beim **Kritisieren** ist geben seliger denn nehmen.

> Kauft **Land**! Gott erschafft keines mehr.
> Mark Twain

Liebes Christkind! Ich war das ganze Jahr über total **lieb**! Okay, die meiste Zeit. Na ja, also hin und wieder. Na gut, ich kauf's mir selbst ...

Jesus liebt dich, fängt Weihnachten damit an und hört am Kreuz damit nicht auf. Es geht weiter, auch heute und morgen und übermorgen und ...

Gottes Liebe brauchen wir nicht von uns aus zu produzieren, sondern lediglich von ihm aus zu reflektieren. Hans-Joachim Eckstein

Wenn Weihnachten das Fest der Liebe ist, warum ist dann Weihnachten nur an Weihnachten?

Unser Pfarrer sagt am Sonntag in der Kirche meistens: „Nun singen wir ein **Lied**, wer möchte, kann dazu aufstehen, aber wer nicht, darf auch sitzen bleiben." Meine Frage: „Darf ich nur sitzen bleiben, wenn ich nicht kann? Können könnte ich fast immer. Aber möchten möchte ich selten. Darf ich, oder muss ich?"

„Die gerade **Linie** ist gottlos und unmoralisch", sagt Friedensreich Hundertwasser. In der Bibel steht dazu: „Sieh an die Werke Gottes; denn wer kann das gerade machen, was er krümmt?" (Prediger 7, 13)

„Natürlich musst du! Aber freiwillig!"

Lesen ist ein Akt des Glaubens.

In der Bibel steht, dass **Männer** ihre Frauen lieben sollen, da steht nicht, dass wir sie verstehen sollen.

Das waren noch Zeiten, als Gott **Mensch** wurde. Heute spielt der Mensch Gott. Aber zum Glück gibt es Gott nicht im Reagenzglas, sondern nur im Stall, am Kreuz und in den Herzen seiner Menschen.

Lieber Gott, warum machst du immer wieder neue Menschen? Behalte doch die, die da sind!

Sind wir Menschen-fischer oder Aquariums-verwalter?

Lange Jahre war ich hinter Seelen her, heute habe ich Interessen an dem Menschen.

Wussten Sie, dass **Meerrettich** ein biblisches Gemüse ist? Sei fruchtbar und mehre dich!

Mission ist, wenn ein Bettler dem anderen sagt, wo es was zu essen gibt.

Jetzt wurde endlich herausgefunden, wie **Mönche** und Nonnen sich vermehren: durch Zellteilung.

„Mit einem **Moslemfeiertag** in Deutschland habe ich keinerlei Probleme", meinte ein Arnsberger Pfarrer, „wenn dann auch in Saudi-Arabien Ostern gefeiert wird."

N

Was wir glauben, ist nicht der kleinste gemeinsame **Nenner**, sondern der größte gemeinsame Kenner von Menschen: Gott!

P

Der Weg ins **Paradies** führt über Golgatha.

Der **Papst** lebt im Vakuum.

Ein **Pfarrer**: An sechs Tagen sieht man ihn nicht, und am siebten Tag versteht man ihn nicht.

Petrus geht über das Wasser. Im Winter hätte ich das auch gemacht!

„Hörten Sie den Pastor heute **predigen**?"
„Ja, ich hörte ihn!"
„Und, wie fanden Sie den Gottesdienst?"
„Ja, da waren einige gute Aussagen dabei, das Vaterunser, zum Beispiel."

R

„Wir wollen uns heute im Religionsunterricht mit dem Thema ‚**Randgruppen**' beschäftigen. Manuela, du bist doch Christin …"

Wir brauchen keine Gedenkfeiern zur **Reformation**, sondern eine neue Reformation.

Der Mensch ist unheilbar **religiös**.

Lieber Gott, lass viel Gras wachsen, denn die **Rindviecher** werden immer mehr.

S

Gott möchte nicht das **segnen**, was wir tun, sondern möchte, dass wir das tun, was er segnet.

Ist ein Pfarrer, der auf seine **Schafe** schimpft, ein Mähdrescher?

Jesus ist Gottes „**Selfie**".

Lieber Gott, wenn du mich schon nicht **schlank** machen kannst, dann mach wenigstens meine Freunde fett!

Schokolade ist Gottes Entschuldigung für Brokkoli.

Gottes Herz braucht uns nicht als **Schrittmacher**.

Wer Gott alles in die **Schuhe** schiebt, kippt irgendwann aus den Latschen.

Adam hatte keine **Schwiegermutter**, er lebte im Paradies.

Wenn wir uns selbst nur für eine **Sekunde** mit den Augen der Liebe Gottes sehen könnten, dann hätten sich unsere Selbstzweifel gleich für eine Ewigkeit verflüchtigt.
H.-J. Eckstein

Das älteste und erste **Spiel**: Versteckspiel, lies mal 1. Mose 3,8.

Weniger Sprint? Weniger Sprit! Mehr **Spirit**!

Wir sollen Jesus nachfolgen – wie geht das, wenn ich einen **Standpunkt** habe?

Wir sind nicht erschöpfter **Staub**, sondern aus Staub veredelte Geschöpfe!

Das Universum ist offensichtlich eine abgekartete Sache. Eine vernünftige Interpretation der Tatsachen legt den Gedanken nahe, dass eine **Superintelligenz** mit Physik, Biologie und Chemie jongliert hat. Sir Fred Hoyle

T

Ich bin zwar nicht ge**tauft**, dafür aber geimpft.

Bei schlechter Beleuchtung vermag sich auch der **Teufel** das Aussehen eines Engels zu geben.

Die christliche Kirche hat sich enorm ausgebreitet. Sie ist jetzt tausend Kilometer breit, hat aber nur noch einen halben Zentimeter **Tiefgang**. John Stott

Warum haben Kirchen kaum **Toiletten**? Damit die Leute nicht austreten können.

Christen in **Toronto** sitzen zwischen allen Stühlen.

Christen, die nichts mit dem Toronto-Segen anfangen können oder ihn ablehnen, sitzen auf Stühlen mit Rückenlehne.

Lieber Gott, bist du wirklich unsichtbar, oder ist das nur ein **Trick**?

V

Jesus hat nicht gesagt: „Ich bin gekommen, dass sie volles **Vergnügen** haben", sondern „volles Genüge".

Eine Gemeinde, die keine **Verlorenen** rettet, ist selbst verloren!

Die verstehen sehr wenig, die nur das verstehen, was sich erklären lässt. Marie von Ebner-Eschenbach

> Freunde sind Gottes Entschuldigung für unsere **Verwandtschaft**.
> George Bernard Shaw

Ein **Volk**, das einen schlechten Begriff von Gott hat, hat auch einen schlechten Staat, eine schlechte Regierung und schlechte Gesetze.
Georg Wilhelm Friedrich Hegel

W

Mit allen **Wassern** gewaschen und immer noch schmutzig sein? Na, dann empfehle ich dir: Lies das Johannesevangelium und probiere es mal mit Jesus!

Der **Weg** ist der Weg, und Gott ist das Ziel.

Nicht die Würdenträger erfahren zuerst von dem Wunder der **Weihnacht**, sondern die Bürdenträger vom Rand der Gesellschaft.

Wie wird Wasser zu **Wein**? Weinberg anlegen und gut wässern!

Gott ist in Jesus auf diese **Welt** gekommen und ist seitdem nicht mehr herauszubekommen.

Die christlichen **Werte** werden zunehmend kriminalisiert.

Der **Wissende** weiß, dass er glauben muss. Friedrich Dürrenmatt

Für **Wunder** muss man beten, für Veränderungen arbeiten. Thomas von Aquiin

Wenn kein Wunder passiert, sei selbst eins.

Z

Wir brauchen nicht mehr **Zeit**, sondern mehr Ewigkeit.

Ich interessiere mich sehr für die **Zukunft**, denn ich werde den Rest meines Lebens in ihr verbringen.
Charles F. Kettering

Der **Zufall** ist das Pseudo-nym, das der liebe Gott wählt, wenn er inkognito bleiben will.
Albert Schweitzer

Christen sind keine Schiedsrichter, son-dern Zukunftsarchitekten.

Wusstet ihr, dass 7/5 aller Leute nicht mit Brüchen umgehen können?

Wenn es Anrufbeantworter gibt, gibt es dann auch Fragenbeantworter?

Ist das Alter von 40 das neue 30?

Wie möchte ich gelebt haben, wenn ich 90 bin?

Woran sieht man, dass Männer älter werden? Wenn sie sich zum Haareraufen das Hemd aufknöpfen.

Woran erkennen Männer, dass sie älter werden? Wenn sie das Bier aus der Schnabeltasse trinken.

Wie alt wärst du, wenn du nicht wüsstest, wie alt du bist?

Warum heißt der Ausflug Ausflug, wo doch gar keiner fliegt, sondern geht oder fährt?

Was wäre, wenn Apple Google kaufen würde und anschließend abschaltet?

Wenn man sich auseinandersetzt, kann man sich dann wieder zusammensetzen?

Wenn ein Staat beginnt, Autos zu produzieren, kommen dann Trabbis dabei heraus?

Was sind gemischte Gefühle? Wenn deine Schwiegermutter in deinem neuen Auto vor eine Wand fährt.

„Soll ich ein paar Tage im Bett liegen bleiben?", fragt der junge Mann den Arzt.
„Nein! Besser wären ein paar Nächte."

Wird aus dem Advent immer mehr ein Event?

Wer sind eigentlich Hennes & Mauritz? Die buchen immer bei mir ab!

Gibt's von Barack Obama auch ein Backaroma?

Ein katholischer Geistlicher stirbt. Ich frage
Mosche: „Gehst du zur Beerdigung?"
„Warum sollte ich, kommt er denn zu meiner?"

Wird so Buschstabensalat geschrieben?

Bein halten oder beinhalten?

Wenn es einen Buhmann gibt, gibt es dann auch
eine Buhfrau?

Wann haben gefütterte Briefumschläge eigentlich ihre Fütterungszeiten?

Steht die Bahn unter Zugzwang?

Was haben U-Boote und Computer gemeinsam?
Sobald das Fenster auf ist, gehen die Probleme
los.

Gibt es eigentlich auch Diät-Haxen?

Wenn ich demnächst dem Nächsten Gutes tue,
reicht das?

Wem geht es besser: den Menschen in Indien, die in einer Demokratie leben und verhungern müssen, oder denen in China, die in einer Diktatur leben, aber genug zu essen bekommen?

Was haben eine Handgranate und eine Ehefrau gemeinsam? Wenn man den Ring abzieht, ist das Haus weg.

Wenn eine Ehe geschieden und beendet wird, nennt man das dann Ehe-Schließung?

„Ich habe meine Ernährung komplett umgestellt!"
„So, und wie?"
„Die Chipstüte steht jetzt links vom Laptop!"

Wenn man ein Mädchen erzieht, heißt es dann trotzdem er-zieht?

Wäre ein Eisbär, wenn er rot wäre, ein Himbär?

Erfahrungen macht nur jemand, der auch ein Auto fährt. Gilt das Gleiche auch für Autodidakten?

Ist das Gegenteil von Hartmut Demut?

„Nachts zähle ich immer Schafe vor dem Einschlafen."
„Und, wie weit kommst du?"
„Bis vier."
„Was, nur bis vier?"
„Ja, manchmal auch bis halb fünf."

Zwei Emanzen sitzen im Restaurant. Sagt die eine zur anderen: „Kannst du mir mal bitte die Salzstreuerin geben?"

Warum heißt einnisten eigentlich nicht einnesten?

Fragt eine Frau eine Mutter mit ihrem Kind: „Ist das ein Junge oder ein Mädchen?"
„Das lassen wir es später selber mal entscheiden."

Der sonst so ruhige Buchhalter Trutzig marschiert unruhig vor seinem Schreibtisch hin und her. Mitfühlend erkundigt sich der Prokurist: „Herr Trutzig, warum sind Sie heute so nervös?"
„Ich mache mir Sorgen um meine Frau!"

„So? Was hat sie denn?"
„Meinen neuen Wagen!"

Woran merkst du, dass du ein Morgenmuffel bist? Wenn du statt des Frühstückseis deiner Frau mit dem Löffel auf den Kopf klopfst!

„Was reizt Sie eigentlich noch an Ihrer Frau?"
„Jedes Wort!"

Wenn ein Fahrzeug steht, ist es dann immer noch ein Fahrzeug oder ein Stehzeug?

Kommt ein Mann in ein Schuhgeschäft und fragt: „Ich habe zwei linke Füße, haben Sie Flip-Flips?"

„Haben Sie die Fische, die Sie hier im Eimer haben, alle allein gefangen?"
„Nein, ich hatte einen Wurm, der mir dabei half."

Du arbeitest ja so viel, als wenn du irgendetwas mitnehmen könntest, oder willst du der reichste Mann auf dem Friedhof werden?

Kennen Sie das Spiel „Stadt, Land, Flucht"?

Warum ist die Black Box eines Flugzeuges eigentlich nicht schwarz, sondern orange?

Warum kriegt man Falten im Gesicht, wo doch am Po so viel Platz ist?!

Feiern so viele Weihnachten, weil sie so intensiv auf den Glühwein achten?

Ist geistreich das Gegenteil von Österreich?

Was haben ein Revolver und Windows gemeinsam? Ungeladen sind beide völlig harmlos.

Warum essen Holländer keine Gurken? Weil sie mit ihrem Kopf nicht in die Gläser kommen.

Wie werden aus Hells Angels Health Angels?

Kreuzworträtsel: Weltmacht mit drei Buchstaben? ICH!

Wenn alle sitzen und man das 100-jährige Jubiläum einer Firma begeht, wer geht da eigentlich? Da sitzen doch alle! Müsste es nicht heißen: „Wir besitzen unser 100-jähriges Jubiläum"?!

„Können Sie mir sagen, wo das Kino ist?"
„Ja, geradeaus."
„Schade, will ich einmal ins Kino, isch's gerade aus."

Was haben ein Kino und ein Krieg gemeinsam? Hinten sind die besten Plätze.

Stell dir mal kein Krokodil vor.

Leben Katzen wirklich im Miezhaus?

Ist das Licht im Kühlschrank wirklich aus?

Warum hat mein Kleiderschrank eigentlich keinen Keller oder Dachboden?

Die Frau fragt beim Klavierumzug den einarmigen Träger: „Wie wollen Sie das denn schaffen, Sie haben ja nur einen Arm?!"
„Wie, haben Sie zwei Klaviere?"

Klopft einer an die Pforte des kommunistischen Paradieses und bittet um Einlass.
„Was war dein Vater?"
„Industrieller."
„Deine Mutter?"
„Kaufmannstochter."
„Deine Frau?"
„Aristokratin."
„Was hast du in deinem Leben gemacht?"
„Viel gereist und Bücher geschrieben."
„Alles sehr, sehr bürgerlich, mein Lieber. Ich glaube nicht, dass wir Sie hier reinlassen können. Wie heißen Sie überhaupt?"
„Karl Marx."

Werden Kassenprüfer bestimmt oder gewählt?
Bestimmt gewählt.

Ist Klaus ein Name oder eine Aufforderung?

Was ist der Nabel, und was sind die Speichen deines Lebens?

Wo geht's hier zum Leben? Bis zum Horizont, dann links.

Kommt Lebensgefährte von Lebensgefahr?

Ist die Postmoderne der Nihilismus des Lächelns?

Wusstest du, dass man ein Lächeln über 70 Meter erkennen kann?!

Ist das Gegenteil von einem Lachsack eine Weinflasche?

Kann man durch einen Lachkrampf auch einen Scherzinfarkt bekommen?

Ein altes Fräulein schaut Meier beim Angeln zu und fragt: „Wird es Ihnen denn nicht zu langweilig, wenn niemals einer anbeißt?" Knurrt Meier: „Nein, und Ihnen?"

Kommt Mann von Money?

Warum ist der Löffel männlich, die Gabel weiblich und das Messer sächlich?

Haben Männer ein Sixpack, oder haben sie Sixspeck?

Ein Mann fragt einen anderen: „Und, wie schlafen Sie so, seit Sie 60 sind?"
„Wie ein Baby."
Und nur die Frau weiß: „Alle zwei Stunden."

Was ist die unbeliebteste Haushaltstätigkeit von Männern? Fensterputzen ... von außen.

Ist nicht jeder Mensch ein Würdenträger?!

Kommt Multitasking von Muttitasking?

Wenn es Tagesmütter gibt, heißen die anderen dann Nachtmütter?

Warum schreibt man bei „1000 m" das „m" klein, obwohl doch „Meter" eigentlich groß geschrieben wird?

Heißt „Re-Member" übersetzt „Erinnere dich, dass du Mitglied bist"?

Wer waren die ersten drei Politiker? Die Heiligen Drei Könige: Sie legten die Arbeit nieder, zogen schöne Gewänder an und gingen auf Reisen.

Ein kleiner Junge zu Obama: „Stimmt das, dass du meinen Papa abhorchst?"
„Das ist nicht dein Papa."

„Diese Stereoanlage können Sie zum halben Katalogpreis erwerben!"
„Und was kostet bei Ihnen der Katalog?"

Kommt Plätzchen von Platzen?

Fragmentierung der Persönlichkeit: Wer bin ich und wie viele?

Die vernachlässigte Gattin des Anglers in der Drogerie: „Haben Sie ein Parfüm, das nach Forelle riecht?"

Suche ich Pilze, oder finde ich Pilze?

Ein Dalmatiner kommt an die Kasse. Die Verkäuferin fragt: „Sammeln Sie Punkte?"

Was läuft auf der Wiese und qualmt? Ein Kaminchen!

Wenn ich Linkshänder bin, kann ich dann auch Rechtsanwalt werden?

Weinst du, oder ist das Regen?

Da kommt ein Reiter mit einem Pferd in einen Blumenladen und fragt :„Haben Sie Margeriten?"

Kann ich, wenn ich den Rückweg einschlage, auch vorwärts kommen?

„'Tschuldigung, können Sie mir sagen, wo die andere Straßenseite ist?"
„Ja, da drüben."
„Komisch, die schicken mich immer hierhin ..."

Von wem hatten eigentlich diese Steinzeitmenschen nun ihrerseits ihren genetischen Code?

Unterhalten sich zwei Stammzellen: „Und du, was möchtest du mal werden, wenn du groß bist?"
„Mal sehen, vielleicht gehe ich in die Forschung."

„Stell dich nicht so an!", hat meine Mutter immer gesagt. Ist das eine Erlaubnis, sich bei Aldi vorzudrängeln?

Sind Sprücheklopfer beklopft?

Die Schweiz, Österreich und Deutschland haben viele Berge. Warum heißt es „die Schweiz" und nicht „das Österreich" und das Deutschland"? Warum heißt es „die Türkei" aber nicht „das Schweden"?

Warum heißt es Schweizerdeutsch, aber nicht Österreicherdeutsch, obwohl doch geschichtlich gesehen Österreich mehr mit Deutschland zu tun hatte als die Schweiz?

FRAGWÜRDIGES

Nennt man die letzte gemeinsame Mahlzeit vor der Scheidung wirklich Trennkost?

„Vorhin bewarfen Sie die Schauspieler mit faulen Tomaten, und jetzt klatschen Sie. Warum?"
„Bei jedem Treffer."

Was hat Leichtsinn mit Sinn zu tun?

Du sollst dich was schämen. Bloß was?

Ein Spatz in der Hand ist besser als eine Taube auf dem Dach, sagt man. Ob der Spatz das auch so sieht?

Wenn man keinen Sinn hat, was hat man dann?

Im Totenreich scheint es nicht so übel zu sein, oder haben Sie schon mal von einem gehört, der zurückkam, um sich zu beschweren?

Kann man sich mehr als zweimal halb totlachen?

Ist bei tegut nur der Tee gut?

Nicht alle Tassen im Schrank? Dann stell doch Gläser rein.

Ich habe meine Telefonnummer vergessen, kann ich deine mal kurz haben?

„Verrückt?", fragt ein Theaterbesucher einen Nachbarn.
„Ja, sie sollen noch mal herauskommen, ich habe noch drei Tomaten übrig."

Heißt der chinesische Terminminister „Lang Hin?"

Kann man bei der Uhrumstellung sein Urvertrauen verlieren?

Urknall ja, aber wer hat geknallt?

Dürfen Vegetarier Schmetterlinge im Bauch haben?

Würde sich ein Vegetarier eine fleischfressende Pflanze kaufen?

Was ist weiß und fliegt nach oben? Eine verirrte Schneeflocke.

Wenn du mich mal verlässt, darf ich dann mitkommen?

Kann mir bitte mal jemand das Wasser reichen?

Waschbrettbauch? Hatte ich auch schon, steht mir nicht.

Können warmherzige Menschen frieren?

Was du nicht willst, das man dir tut, das tu auch nicht, was willst du denn?

Zwei Zapfsäulen unterhalten sich. Sagt die eine:
„Wie geht's dir?"
„Normal. Und dir?"
„Super!"

„Wissen Sie, was Essenreste zwischen Ihren
Zähnen anrichten?"
„Nein", sagt der Patient, „wir schlafen getrennt."

Wenn der Zahnarzt sagt: „Machen Sie ganz weit
auf!", meint der dann den Mund oder die Geld-
börse?

Heißt es deshalb Wahl-Urne, weil man dort die
Zukunft des Landes zu Grabe trägt?

Stimmt es, dass manche in Rente gehen, nur,
um mehr Zeit zu haben, ihre Brille zu finden?

Wer eine **Beziehung** eingeht, muss darauf achten, dass die Beziehung nicht eingeht.

Auch Beziehungen enden zeitgemäß: Einst bekam man den Laufpass, später eine Abfuhr, und heute fliegt man raus.

Manchmal ticken wir beide nicht ganz richtig. Um im Bild mit der Uhr zu bleiben: Eine Beziehung gerät dann außer Takt, wenn der eine vor- und der andere nachgeht.

Eine gelungene **Ehe** ist ein größeres Wunder als der Durchzug der Kinder Israels durch das Rote Meer. Jüdisches Sprichwort

Die Ehe ist das teuerste Verfahren, seine Wäsche umsonst gewaschen zu bekommen. Franklin P. Jones

Eine gute Ehe besteht aus einer besseren Hälfte und einer stärkeren Hälfte. Victor de Kowa

Für eine gute Ehe gibt es einen sehr einfachen Maßstab: Man ist dann glücklich verheiratet, wenn man lieber heimkommt als fortfährt. Luise Ullrich

Die Ehe ist der Versuch, die Probleme, die man alleine nicht hat, zu zweit zu lösen. Woody Allen

Vor der Ehe halte beide Augen offen, nach der Hochzeit drücke ein Auge zu.

Der einzige Geschäftszweig, bei dem die Mehrzahl der leitenden Positionen von Frauen besetzt ist, ist die Ehe. Robert Lembke

Laut Statistik ist die Ehe die Hauptursache für alle Scheidungen.

Wenn Ehepaare doch nur 1% von dem Geld, der Kraft, der Zeit und Kreativität, die sie in die Hochzeitsfeierlichkeiten stecken, in den Verlauf der Ehe stecken würden, sähe es in mancher Ehe besser aus. Lieber im Bällchenbad bei McDonald's im engsten Familienkreis feiern als sich über Hals und Kopf verschulden.

Den idealen Ehemann erkennt man vor allem daran, dass er mit einer anderen Frau verheiratet ist ... Faye Dunaway

Deutschlands **Eltern** sind verzweifelt. Immer mehr Kinder verbringen ihre Zeit mit dem Computer. Die meisten, um Mama und Papa zu erklären, wie er funktioniert.

Ein Kind zu seinen Eltern: „Ihr habt uns auf die Welt gebracht, wir pflegen euch in den Himmel."

Wenn ich gewusst hätte, wie schön es mit **Enkeln** ist, hätte ich mit denen angefangen.

Sie: „Du kannst einfach keine eigenen **Entscheidungen** treffen." Er: „Doch, klar!!!" Sie: „Ja, aber nicht meine."

Frau: „In der Küche passieren die meisten Unfälle!" Mann: „Ja, und ich muss sie immer **essen**!"

Die **Familie** ist ein steuerlich begünstigter Kleinbetrieb zur Fertigung von Steuerzahlern.

Das Schicksal des Staates hängt vom Zustand der Familie ab. Alexandre Vinet

Familie ist keine Zweigniederlassung der Wirtschaft.

Wir verwirtschaften alles, selbst unsere Familien.

Viele **Frauen** heiraten, weil sie des Alleinseins müde sind. Und viele Frauen lassen sich scheiden, weil sie des Alleinseins müde sind.
Hanne Wieder

Das einzige Problem der verheirateten Frau: wie mache ich aus einem Windhund einen Neufundländer. Karl Farkas

Dass Frauen immer das letzte Wort haben, liegt daran, dass Männern nichts mehr einfällt. Hanne Wieder

Meiner Frau ist es gleichgültig, was ich ohne sie mache, solange ich mich dabei nicht amüsiere. Arthur Miller

Meine Frau hält den Vortrag, und ich rede.

Eine Frau möchte einen Mann, der witzig ist, ein Mann möchte, dass seine Frau ihn witzig findet.

Ich liebe das Leben mit all seinen Begrenzungen, und meine Frau ist die liebste Begrenzung. Sowie man einen ganz nah bei sich hat, wird man begrenzt auch in seinem Egoismus.

Die kluge Frau folgt ihrem Mann, wohin sie will.

Jede Frau, auch wenn sie einen 18 Meter langen Kleiderschrank besitzt, hat nichts zum Anziehen.

Gegensätze ziehen sich nicht nur an, sondern auch aus.

Heirate nie des **Geldes** wegen, auf der Bank bekommt man es billiger.

Wenn ich heute wüsste, die Welt ginge morgen zu Ende, würde ich heute noch **heiraten**.

nach Martin Luther

„Liebling, hör mal, die **Grillen**." – „Ich riech nix!"

Heirate oder heirate nicht. In beiden Fällen gibt es Probleme.

Eine Heirat geht ja furchtbar schnell, aber die Scheidung ist immer so zeitraubend.

Heiraten ist eine wunderbare Sache, solange es nicht zur Gewohnheit wird.

William Somerset Maugham

Früher wussten die **Kinder** nicht, wo sie herkommen, heute wissen die Eltern nicht mehr, wo sie hingehen.

Es gibt Kuckuckskinder und Spechtskinder. Ich war ein Spechtskind, auf mir wurde ständig rumgehackt.

Urlaub mit Kindern in einem Ferienhaus ist wie Alltag an einem anderen Ort, nur ohne Spülmaschine.

Aus Kindern, die zu viel dürfen, werden häufig Erwachsene, die zu wenig können.

Mütter verstehen, was Kinder nicht sagen.

Die Kinder in China sind die umweltfreundlichsten. Sie werden mit gelben Säcken geboren.

Kinder sind in Deutschland zum Armutsrisiko geworden, armes Deutschland!

Bist du erst groß, dann siehst du ein, wie schön es war, ein Kind zu sein.

Weder Heterosexuelle noch Schwule und Lesben haben ein Recht auf Kinder. Kinder haben ein Recht auf Eltern!

Kinder klettern heutzutage nicht mehr auf Bäume, weil sie nicht sicher sind, ob sie TÜV-geprüft sind.

Einem Kind, das die Dunkelheit fürchtet, verzeiht man gern; tragisch wird es erst, wenn Männer das Licht fürchten. Platon

Die strengsten Richter eines Mannes sind seine Kinder. Thornton Wilder

Bitte niemals vergessen: Kinder sind zwar kleine, aber vollwertige Menschen!

Es kostet nichts, für Kinder da zu sein – also kann sich das eigentlich jeder leisten!

Lasst uns die Kinder von der Straße holen und aus den Kinderzimmern, geben wir ihnen Zuwendung und eine stabile Familie!

Liebe ist die gemeinsame Freude an der gegenseitigen Unvollkommenheit. Carl Ludwig Börne

Liebe macht blind, aber wer heiratet, kann plötzlich wieder sehen.

Liebe® vorleben – als reden.

Wo es Liebe regnet, wünscht sich keiner einen Schirm.

Lass die Liebe in deinem Herzen wurzeln, und es kann nur Gutes daraus hervorgehen.
Aurelius Augustinus

Wer liebt, wird Maximalist.

Frauen sagen, was sie glauben. **Männer** glauben, was sie sagen.

Wer Männer versteht, kann auch durch null teilen.

Im Karneval hat jeder Mann das Recht, so lächerlich zu sein, wie seine Frau ihn sonst macht.

Mann mit Grill sucht Frau mit Kohle.

Ein dummer Mann prahlt mit seiner Frau, ein kluger mit seinen Kindern.

Pädagogik ist die Kunst, aus Zwergen Durchschnittsmenschen zu machen, die sich für Riesen halten.

Am Wochenende ist **Papa** Sieger bei der Kaninchenschau geworden. (So ein toller Papa!)

Bei uns hat jeder sein eigenes Zimmer. Nur Papi nicht, der muss immer bei Mama schlafen.

Partnerschaft heißt nicht, dass nur der Partner schafft.

Prinzen brauch ich nicht, aber die Pferde könnt ihr dalassen.

Wer einen Ketten**raucher** heiratet, kann gleich einen Aschenbecher auslecken.

Raucherkinder erben früher.

BEZIEHUNGSKISTEN UND ANDERE FAMILIENBANDE

Verliebt, verlobt, verheiratet, verschieden.

Viele, von denen man glaubte, sie seien gestorben, sind bloß verheiratet. Françoise Sagan

Manche Männer bemühen sich lebenslang, das Wesen einer Frau zu verstehen. Andere befassen sich mit weniger schwierigen Dingen, zum Beispiel der Relativitätstheorie. Albert Einstein

➤ Der Übergang vom **Affen** zum Menschen, das sind wir.

➤ Solange man den **Bären** nicht erlegt hat, sollte man sein Fell nicht verkaufen.

➤ Lieber die Sau rauslassen als die **Bullen** holen.

➤ Egal, wie lange ein Esel läuft, er wird niemals ein Pferd.

➤ Ein Pferd und ein **Esel** geraten in Streit darüber, wer von ihnen höher einzuschätzen sei. Das Pferd ist stolz auf seine Vergangenheit, der Esel jedoch auf seine Zukunft: „Die Technik wird das Pferd überholen, Esel wird es immer geben!"

➤ „Das soll Fischsalat sein? Da ist ja kein Stückchen **Fisch** drin!" – „Im Hundekuchen sind schließlich auch keine Hunde."

➤ Die letzten Worte der **Forelle**: „Alles in Butter."

➤ Ein **Fuchs** kommt morgens in einen Hühnerstall und sagt: „So, jetzt aber raus aus den Federn!"

> Auch ein **Glücksschwein** müsste verhungern, würde es sich nur von vierblättrigem Klee ernähren.

> „Die Sache hat einen **Haken**", sagte der Fisch, als er an der Angel hing!

> Schickt der Herr das **Häschen**, schickt er auch das Gräschen.

> Das beliebteste **Haustier** ist und bleibt das halbe Hähnchen.

> Willst du dir ein Haustier zulegen, so bedenke: Für einen Hund bist du Familienmitglied. Eine Katze betrachtet dich als Personal.

> Die drei häufigsten Todesursachen von Haustieren sind Michelin, Pirelli und Continental.

> Kommt ein **Huhn** in einen Elektroladen: „Ich hätte gerne 'ne Legebatterie!"

> Wer einen **Hund** hat, ist nur zu feige, die Leute selbst zu beißen!

> Ein **Kaktus**, der laufen kann, ist kein Kaktus, sondern ein Igel.

> Ein Mann geht in ein Geschäft, um einen **Papagei** zu kaufen. Der Verkäufer zeigt ihm drei: „Der rechte kann fließend Englisch und Französisch und kostet 800 €. Der linke kostet auch 800 € und kann das ganze BGB auswendig. Der in der Mitte kostet 2.000 €."
„Und was kann der?"
„Eigentlich nichts, aber die beiden anderen sagen Chef zu ihm."

> Ein Cowboy geht zum Friseur. Als er rauskommt, ist sein **Pony** weg.

> Lass dich nicht zum **Rennpferd** machen, wenn du als Schildkröte geschaffen bist.

> Schwarzes **Schaf** war gestern.

> Schildkröten können dir mehr über den **Weg** erzählen als Hasen.

> Was eine Raupe das Lebensende nennt, nennen **Weise** einen Schmetterling.

Endlich **18**, jetzt muss ich nur noch erwachsen werden!

In jedem **30**-Jährigen steckt ein 20-Jähriger, der sich wundert, was passiert ist.

40 ist wie 20, nur besser!

Ich bin jetzt 81, aber wenn ich die Zeit abziehe, die ich damit verbracht habe, auf Flughäfen nach meinem Gepäck zu suchen, bin ich erst **43**.

Trotz jugendlicher Erscheinung – garantiert **60**.

Nur sehr wenige Menschen mit **70** wünschen sich mit 40, mehr Zeit im Büro verbracht zu haben.

Wenn man die **81** erreicht hat, lehnt man sich gerne zurück und lässt die Welt sich selbst drehen, ohne sie noch anstoßen zu wollen.

Alt ist man dann, wenn man nicht mehr zusammen mit seinen Zähnen schläft.

Enzo Petrucci

Alt ist man erst dann, wenn man an der Vergangenheit mehr Freude hat als an der Zukunft. John Knittel

Wie alt ein Mann ist, erkennt man daran, ob er zwei Stufen oder zwei Tabletten auf einmal nimmt.

Wie alt man gerade geworden ist, sieht man an den Gesichtern derer, die man jung gekannt hat. Heinrich Böll

Alte Leute sind junge Menschen, die zufällig vor dir älter wurden. Günther Baruschke

Der Mensch bewegt sich nicht weniger, weil er alt wird. Er wird alt, weil er sich weniger bewegt. Also beweg dich! Gustav-Adolf Schur

Ich möchte mit dir alt werden. Es hat aber keine Eile.

Über **30** altert man nicht mehr, man reift.

Der Vorteil des Alters liegt darin, dass man die Dinge nicht mehr begehrt, die man sich früher aus Geldmangel nicht leisten konnte.
Charlie Chaplin

Das Alter hat zwei große Vorteile: Die Zähne tun nicht mehr weh, und man hört nicht mehr all das dumme Zeug, das ringsum gesagt wird. George Bernard Shaw

Das Alter hat auch seine Vorteile: Für die Kerzen auf der Geburtstagstorte gibt es Mengenrabatt. Maurice Chevalier

Das mittlere Alter ist da, wenn der Haarschnitt allmählich in **Naturschutz** übergeht.

Sag dein Alter gleich, sonst schätze ich dich, und dann kommst du schlechter weg.

Es ist schlimm um eine Nation bestellt, in der die Jugend konservativer ist als das Alter. Heinrich von Treitschke

Je älter man wird, desto öfter gibt es Weihnachten.

Je älter man wird, desto **durchsichtiger** werden die Männer und desto undurchsichtiger werden die Frauen.

Du merkst, dass du älter wirst, wenn die **Geburtstagskerzen** mehr kosten als der Kuchen. Bob Hope

Ein Kavalier ist ein Mann, der sich den Geburtstag einer Frau merkt und ihr Alter vergisst.

Wer älter als **50** Jahre ist, hat immer weniger Programm im Kopf, dafür aber mehr Menschen.

Je älter man wird, umso leiser werden die Flugzeuge.

Je älter wir werden, desto jünger werden die **20**-Jährigen.

Während ich älter werde, schenke ich dem, was Menschen sagen, immer weniger Aufmerksamkeit. Ich sehe mir nur an, was sie tun.

Ein Mann mit weißem Haar ist wie ein Haus mit Schnee auf dem Dach. Es beweist noch lange nicht, dass im Herd kein **Feuer** ist.
Maurice Chevalier

Bei **Frauen** zeigt sich das Alter vor dem Frühstück, bei Männern nach dem Abendessen.

Es gibt ein Alter, in dem eine Frau schön sein muss, um geliebt zu werden, und dann kommt das Alter, in dem sie geliebt werden muss, um schön zu sein. Françoise Sagan

Frauen sind komisch! Vergisst man ihren Geburtstag, werden sie böse, erinnert man sie an ihr Alter, sind sie auch böse.

Die **25** Jahre zwischen **30** und **40** sind die besten Jahre im Leben einer Frau.

Mit **20** hat jeder das Gesicht, das Gott ihm gegeben hat, mit **40** das Gesicht, das ihm das Leben gegeben hat, und mit **60** das Gesicht, das er verdient. Albert Schweitzer

Geburtstage sind gut für die **Gesundheit**. Je mehr man davon bekommt, desto älter wird man.

In die mittleren **Jahre** ist man gekommen, wenn einem romantischer Kerzenschein zum Abendessen im Lokal weniger wichtig ist als ein Lampenlicht, bei dem man die Speisekarte lesen kann. Sydney J. Harris

Die mittleren Jahre hat man erreicht, wenn das Aufstehen für einen zu einer Form des Gewichthebens geworden ist. Bob Hope

Ein **Mann** ist so alt, wie er sich fühlt, eine Frau ist so alt, wie sie aussieht.

Altern ist eine schlechte Gewohnheit, die ein beschäftigter Mann gar nicht erst aufkommen lässt.

Wenn man alt wird, verkriecht sich die **Schönheit** nach innen.

Frauen verlangen **Unmögliches**: Man soll ihr Alter vergessen, aber sich immer an ihren Geburtstag erinnern. Karl Farkas

Wenn man älter wird, wird man nicht **weise**, nur vorsichtig.

Alte Leute sind gefährlich, sie haben keine Angst mehr vor der **Zukunft**.

Arno Backhaus kann man übrigens auch einladen, allein oder mit seiner Frau Hanna:

- ⤳ zu einem Vortrag über AD(H)S
- ⤳ zu einem Vortrag über Humor für Frühstückstreffen für Männer oder/und Frauen
- ⤳ zu einem Konzert „Lieder, Texte & Persönliches – zum Überleben und Totlachen"
- ⤳ zu einer „Kinder-Überraschung" mit Spiel, Spaß & Gags (mit oder ohne Erwachsene)
- ⤳ zu einem Seminar „Kommunikation & missionarischer Lebensstil"
- ⤳ zu einer „Laugh-Parade" mit viel Klamauk, Gags, Witzen, Songs und Volkstanz

Hier können Sie die unterschiedlichen Programme für Jung und Alt unverbindlich anfordern:

Hanna & Arno Backhaus
Hauptstraße13 · 34379 Calden (bei Kassel)
Tel.: 05677-1343 · bauchladen@arno-backhaus.de
homepage: www.arno-backhaus.de
web-shop: www.arnobackhaus.de

Arnos Medien-Parade

Lache, und die Welt lacht mit dir! € 9,00

Lieber Lachfalten als Tränensäcke € 9,00

Lache über deinen Nächsten ... € 9,00

Bibel dir deine Meinung € 10,00

Woran starb das Tote Meer? € 9,00

Ist das Kunst oder kann das weg? € 9,00

Was zählen Schafe, wenn sie nicht ... € 12,00

Das wäre ja gelacht! € 10,00